MUSS
STRAFE
SEIN？
何以刑罚？

MUSS STRAFE SEIN?
by Norbert Hoerster
© Verlag C.H.Beck oHG, München 2012

MUSS STRAFE SEIN?
Positionen der Philosophie

何以刑罚?
哲学立场的思辨

Norbert Hoerster

〔德〕诺伯特·霍斯特 著
王芳凯 译

北京大学出版社
PEKING UNIVERSITY PRESS

Nemo prudens punit,

quia peccatum est,

sed ne peccetur.

理性人施加惩罚,
不是因为已经发生的不法行为,
而是为了让不法行为不再发生。

——塞涅卡

目 录

导读 | 雷磊   001

导论   001

第一章　惩罚的基本论述   005

  一、我们如何理解"惩罚"？   006

  二、惩罚的三种基本类型   009

  三、为何惩罚需要论证   018

第二章　用于报应的惩罚？   023

  一、康德的"同态复仇原则"   028

  二、黑格尔的"法权侵害的消除"   036

  三、菲尼斯的"公正秩序的重建"   040

  四、报应论的失败   051

第三章　用于预防的惩罚？　　　　055
　　一、特殊预防　　　　058
　　二、功利主义的一般预防　　　　071

第四章　基于公民利益的惩罚　　　　091
　　一、对报应的需求　　　　094
　　二、对预防的要求　　　　101
　　三、惩罚的种类和严重程度　　　　109
　　四、必要的责任能力　　　　118

第五章　何种行为值得被惩罚？　　　　131
　　一、道德违反？　　　　132
　　二、利益侵害？　　　　143
　　三、损害？　　　　148

结　论　为何不要预防？　　　　159

参考文献　　　　167

译后记　　　　175

导 读
刑罚哲学：法哲学的一块"飞地"？

雷 磊①

今天一般认为，法哲学由两部分构成，一部分是一般法哲学，另一部分是部门法哲学。一般法哲学围绕一般意义上的"法"本身来展开，又可以分为三个分支：一是法概念论，回答"法是什么"的问题；二是法认识论（法学方法论），回答"法律知识是否可能""如何获得和证立法律知识""法学是一门科学吗"等问题；三是法伦理学（法价值论），回答"何谓法律上的

---

① 中国政法大学法学院教授。

正义(正确法)"的问题,本身又可涉及一系列主题。相反,部门法哲学则按照部门法分支分为民法哲学、刑法哲学、宪法哲学、国际法哲学等;当然,还可以依照更具体的主题作进一步划分,如契约法哲学、侵权法哲学、婚姻法哲学等。

应当承认,上述划分本身是现代学术分工精细化以后的产物。在古典法哲学时代,今天所谓部门法哲学所讨论的主题,是法哲学的固有组成部分,甚至构成其主体内容。例如,康德的《法的形而上学原理》主要论述"私法"(私人权利)与"公法"(公共权利)两个部分,黑格尔《法哲学原理》的论题遍及"所有权""契约""家庭""市民社会""国家"(国家法、国际法)。如果采取更为宏观的视角,就可以发现,在古典法哲学家那里,法哲学只不过是其道德哲学(伦理学)乃至其整个哲学理论的一小部分而已。但是,随着科学主义思潮的兴起和体系化思维的发展(它意味着归纳和抽象能力的提升,以及提炼"总论"的必要性与日俱增),不仅法哲学与部门法学之间,而且法哲学自身也日益分化出一般的部分与特殊的部分。起初,是两个部分被并置于一本教科书或专著之中。例如,在德国法哲学传统中,最后一本同时涉猎这两个部分的著作或许是1932年拉德布鲁赫的

《法哲学》。该书的前半部分处理了法概念、法理念、法的效力、法与道德等一般法哲学的主题,后半部分则广泛论述了人、所有权、契约、婚姻、继承法、刑法、死刑、赦免、程序、教会法、国际法、战争等在今天看来属于各个部门法哲学的论题。后来,特殊部分基本消失不见,"法哲学"几乎成为"一般法哲学"的代名词。除非作者个人对于特定论题特别感兴趣,才会在法哲学著作中花费微小的篇幅略加论述。例如,当代德国法哲学家考夫曼的《法哲学》共 20 章,只有第 17 章论及"战争与和平"这一特殊主题。① 再如,本书作者霍斯特撰写的另一本书《法是什么?》,13 个主体章节中只有一个部分涉及"刑罚的证立",此外再无其他部门法哲学的内容。

这正是我求学的年代所面临的状况。十余年前,无论是在国内法学界,还是在国际法学界,法哲学研究的主流大多围绕一般法哲学来展开,甚至仅仅聚焦于法概念争议——法律实证主义与自然法学(非实证主义)之争。在当时,如果不懂"联系命题""分离命题""安置命题""来源

---

① 尽管考夫曼本人也是著名的刑法学者,但却没有在《法哲学》中花费专门的章节来处理刑法哲学的主题。

命题",不知道"语义学之刺"或"正确性宣称",都不好意思说自己是研究法哲学的。研究者们所关注的只有"法"本身,而将其他主题都逐出了研究领域。但是,十余年过去,这种状况已经发生极大改变:在国际层面上,当年参与法概念之争的中青年一代学者纷纷转向更为特定的法哲学论域,诸如 *Ratio Juris*、*ARSP*、*Oxford Journal of Legal Studies* 等国际顶级法哲学期刊上,部门法哲学的论文日益增多。在国内学界,更多的"85后""90后"法理学研习者和博士生们开始将对特定法律制度的哲学研究作为自己的志趣,其中尤以刑法哲学(刑罚哲学)为显要。此外,从2007年开始,吉林大学理论法学研究中心联合其他单位发起了一年一届的"全国部门法哲学研讨会"(截至2021年12月已举办十三届)。

这种"转向"恐非一代人的集体知识兴趣改变所能完全解释。或许,更重要的原因在于法哲学本身的内在逻辑:一般法哲学与部门法哲学的划分原本就是学术体制的产物,这两个部分不仅具有不分轩轾的重要性,而且彼此间的内在关联非常紧密。一方面,所有权、契约、婚姻、刑罚(死刑)等问题的背后,本就存在着概念论、认识论和价值论的问题;另一方面,围绕"法"展开的一般法哲学讨论是否具备有效性和说明力,最终还得返归至一个又一个的特定主题上加以检验。

以刑罚哲学为例,刑罚哲学与一般法哲学的内在联系至少可以体现于以下三点。

一是刑罚目的/刑罚正当性与法概念/法伦理之间的结构性对应关系。刑罚目的涉及刑罚的性质或必要性,而刑罚的正当性则不仅涉及目的正当性,也涉及手段正当性。所谓手段正当性,又大体包括两类问题:一是国家为何有权施加刑罚,或者说,为何能够或必须由国家来实施刑罚(国家刑罚的正当性);二是为什么刑罚不侵犯被惩罚者的权利,或者说为什么刑罚对于被惩罚者来说是正义的。传统的功利主义预防论和报应主义实际上都将目的正当性和手段正当性合并处理了。综合论者如英国法哲学家哈特,则区分刑罚的一般目的和刑罚分配问题,其实就是将二者拆开,然后分别用功利和公平去对应。霍斯特亦持一种特定版本的综合论立场:他将这种综合论奠定在理性公民的利益角度,一方面将预防未来的犯罪行为而非惩罚过去的犯罪行为当成刑罚的目的(目的正当性),另一方面也要求使"对这一目的的密切追求"取决于"与被惩罚者过去的犯罪行为有关的条件"(手段正当性),如被惩罚者的犯罪行为人身份、所施加的惩罚与犯罪行为的相当性。① 他将刑罚的正当性条件概括为这样一个命题:"惩罚恶害的正当性取决于其预防作用,只要特定的正义要求被遵守"②。可见,刑罚目的构成了刑罚正当性的必要而不充分条件。如果将这种关系结构放大,其实就涉及法概念与法伦理,或者说实在法与正确法的关系。③ 所谓正确法,就是内容正确的实在法。这里有两个要点:其一,正确法本身是实在法,在特定的时空中存在;其二,并非所有实在法都是正确法,它的意志内涵必须具有正确性。④ 可

---

① 当然,霍斯特没有特别去处理国家刑罚的正当性问题。或许如拉德布鲁赫所言,这一问题来源于特定时代的历史环境,在这个历史环境中,个人不能和一个还不是基于人民意志而建立的国家相对抗,即使他根本没有积极地参与到这个国家中来。相关论述参见〔德〕拉德布鲁赫:《法哲学》,王朴译,法律出版社 2005 年版,第 162 页。

② 〔德〕诺伯特·霍斯特:《何以刑罚?》,王芳凯译,北京大学出版社 2023 年版,第 117 页。

③ 必须承认,法概念论与法伦理学的这种被包含且不对称的关系,只有在特定的概念论立场,即法律实证主义的立场之下才成立。相反,传统自然法学并不对这两者进行清晰划分。当然,霍斯特本人是一位法律实证主义者,故可推测其会赞成这种划分。

④ 参见〔德〕卡尔·拉伦茨:《正确法:法伦理学基础》,雷磊译,法律出版社 2022 年版,第 2 页及以下。

见,实在法("是不是法")构成了正确法("是不是善法")的必要而不充分条件。所以,刑罚目的与刑罚正当性的这种关系结构,其实就是视野更为宏观的实在法(法概念)与正确法(法伦理)之间关系结构在刑罚领域的投影。①

当然,如果秉持特定的法概念与法伦理立场,那么其与刑罚目的或正当性理论之间的关联性可能会更加实质。例如,拉德布鲁赫法哲学的核心在于法价值,也即正义(平等)、合目的性和法的安定性这三者。他主要将法概念落脚于正义(平等),即"法律是有意识服务于正义的现实"②。但是根据其后期理论,有意追求平等的实在法也未必有效,法的效力取决于法的安定性与合目的性、(实质)正义之间的权衡("极端的不法不是法")。法概念与法效力之间即为必要而非充分关系。这种法价值学说也被他贯彻到刑罚目的或正当性的领域:在他看来,相比于

---

① 当然,这么说并不十分准确。因为基于"目的"和"手段"的两分,如果持一种非实证主义的立场,那么恐怕会认为实在法本身只是某种手段,而非目的,所以实在法与正确法的关系,是手段正当性与(整体)正当性的关系,而非目的正当性与(整体)正当性的关系。但是,一来,这只是从"非实证主义"这一特定立场出发的观点;二来,这并不影响"必要而不充分条件"这一根本性的关系构造。

② 〔德〕拉德布鲁赫:《法哲学》,王朴译,法律出版社 2005 年版,第 34 页。

预防论(尤其是特殊预防论)或威慑论,报应论更能满足正义(平等)和法的安定性思想。同时,就合目的性的理念而言,报应论与威慑论都属于个人主义法律观(刑罚的法治国家—自由观),此外尚有相对的超个人主义法律观所支持的社会刑法理论,即保安论和矫正论。① 由于其价值相对主义的立场,在这两种法律观与刑法理论之间无法做出科学(理论理性的)选择,只能诉诸(实践理性的)决断。无论如何,拉德布鲁赫运用自己的法哲学框架来对不同刑罚学说进行了检验,并得出了有条件的优先判断。

二是刑事责任与一般(过错)责任之理论基础的共通性。霍斯特将"与被惩罚者过去的犯罪行为有关的条件"作为刑罚正当性的组成要素,也就意味着正当惩罚的必要条件之一是受罚者同时也有责任地实施了(此种惩罚所针对的)恶害行为。因为无论如何都不能认为惩罚一个无辜的人是正当的。② 这就涉及行为人的责任能力或归责能力问题。而责任,就相当于惩罚被容许的条件。在以刑事

---

① 参见〔德〕拉德布鲁赫:《法哲学》,王朴译,法律出版社2005年版,第165-166页。术语翻译有所不同。
② 参见〔德〕诺伯特·霍斯特:《何以刑罚?》,王芳凯译,北京大学出版社2023年版,第118页。

责任为代表的过错责任学说中,归责的一个主要条件是控制力条件。据此,行动者要对行为有足够的控制力,这样的行为才是行动者自己的行为,而不是完全为外在因素所决定的。只有建立起被归责的对象与其行为之间的内在关联,行动者才需对自己的行为负责。控制力条件的本体论载体就是自由意志。具有某种自由是我们能够对行动承担责任的一个先决条件,而自由意志构成了责任的核心和前提。没有自由意志就没有自由,没有自由也就不会导致责任。如果人的所有选择都是被预先设定好的,都是"原因和作用连续序列的产物",那么,从根本上说,他的意志就是不自由的。① 这就是决定论对于意志自由乃至责任机制的挑战。

在本书中,霍斯特将决定论放在报应论和预防论的语境之中进行比较。其结论是,报应论必然预设非决定论,而预防论可以但并非必定预设决定论。报应论无法与决定论相容,是因为刑罚的报应观念绝对依赖于非决定论。道理很简单,报应意味着"应得","应得"意味着刑罚的原因源于

---

① 参见徐向东:《理解自由意志》,北京大学出版社 2008 年版,第 30、50 页。

受惩罚者自身。但决定论说明受惩罚者的行为并不受其自身的控制,而是来源于某个或某些外在或内在的客观原因,所以,如果对其施加刑罚,就意味着行为人将会因最终不是来自其自身的东西而受到刑罚的报应。这与"报应论"的基本逻辑是相悖的!但反过来,预防论可以与决定论相容。因为决定论并不排除人们可以通过刑罚来影响未来的行为,刑罚威慑可以成为人们行为的社会原因之一。但这并不意味着决定论对于刑罚的预防作用不可或缺,因为将意志自由作为行为的原因同样可以与预防论相容。人们的行为很多时候是某些决定要素(倾向)与意志自由共同决定的后果。此外,有归责能力也不意味着行为人就肯定不是被决定实施某种行为的。因为"A在明天会去实施盗窃行为这件事情是被决定的"根本不意味着"A事先知道或至少可以知道他明天被决定干什么事情"。换句话说,决定论更多是一种"事后诸葛亮"的视角,对于采取行为之时的行为人而言,其主观情形(意志状态)并不会因为决定论还是非决定论而有差异。无论他是不是被决定的,其责任能力的条件都是一样的。在这里,霍斯特富于创见地区分了非决定意义上的"意志自由"与特殊的"行动自由"。欠缺前者并不意味着必将欠缺后者。因为是行动自由而非意志自由包含了决定能力,以及由此产生的责任能力。①

虽然霍斯特并没有对决定论进行全面和深入的阐述,但对于一般意义上的(过错)责任理论而不仅是刑事责任理论,他的观点具有重要的启发价值。因为对于一般(过错)责任理论乃至法律主体(有责任能力之人)的讨论,绕不开对决定论和意志自由问题的探讨。这种讨论完全不限于报应论和预防论的语境,而是已涉入一般法哲学乃至哲学层面。反过来说,假如法哲学研究者能够在这些问题的研究上取得新进展、达成新共识,必将在很大程度上深化对刑罚目的论的理解。

三是道德的刑法强制与道德的法律强制问题。道德的法律强制涉及的问题是,道德上错误的行为是否就应遭受法律的惩罚?或者说,法律能否强制人们去做道德上正确的行为?道德的法律强制问题一个特殊的也是最为经典的版本,就是国家能否运用刑法来惩罚道德上的错误行为,从而通过刑法来强制行为人实施道德上的正确行为。围绕这一问题所发生的著名争论——哈特与德富林之争——正是

---

① 参见〔德〕诺伯特·霍斯特:《何以刑罚?》,王芳凯译,北京大学出版社2023年版,第121-128页。

由一类刑法问题,即对卖淫和同性恋行为是否应当去罪化(《沃尔芬登报告》)引发的。哈特和德富林著作的很大一部分都是围绕刑法展开的,①前者代表法律自由主义的立场,而后者代表法律道德主义的立场。

霍斯特并没有对这两种立场进行比较分析,而只是立足于"正当化的刑罚必须符合哪些前提条件"这一问题语境,论证了刑法道德主义(将违反道德作为刑罚的决定性条件)能否成立的问题。他的出发点在于区分对"刑法道德主义"之"道德"的两种理解:一种将"道德"理解为相关社会中实际生效的道德,也即在社会中普遍存在的道德;另一种是将"道德"视为可以在主体间获得普遍可理解的证成的道德规范。前者可称为"实在道德",后者可称为"正确道德"。② 就前者而言,霍斯特通过数个例子证明,不能仅仅因为某个行为与社会普遍接受的道德观念相抵触,就认为该行为应当受到国家的惩罚。因为社会中的道德观念至少有一部分是基于意识形态或观念上的假设,而

---

① 参见〔英〕帕特里克·德富林:《道德的法律强制》,马腾译,中国法制出版社 2016 年版(第一讲即为"道德与刑法");〔英〕H. L. A. 哈特:《法律、自由与道德》,钱一栋译,商务印书馆 2021 年版。

② 这一区分可参见〔德〕罗伯·阿列西:《法概念与法效力》,王鹏翔译,五南图书出版有限公司 2013 年版,第 116 页。

这些假设经不起理性的、主体间可理解的论证。就后者而言,霍斯特指出,诚然,一般性违反主体间可证成规范的行为有理由受到一定的社会制裁,但制裁在种类和强度上差异极大(既包括道德制裁、民法或行政法上的制裁,也包括刑事制裁)。所以,额外动用国家刑罚来加以制裁,除了要满足行为违反了充分证立的道德规范这一条件外,还需要符合其他条件。① 这里的"其他条件",是指"(1)对其受害者而言,显然比刑法禁止该行为所必然带来的对个人自由的限制更为严重;以及(2)国家对这些行为的惩罚与某种预防作用相关联"②。所以,应该将违反正确道德视为行为应刑罚性的必要条件(尽管并非充分条件)。这也是对道德施加法律强制的一般条件。而"其他条件"则构成正当化的刑罚与其他制裁的区分基础。从这个意义上说,霍斯特其实在刑法语境中有条件地支持了法律道德主义,并通过"其他条件"吸纳了某些自由主义的思想。这对于道德的法律强制问题的一般法哲学思考亦有启发作用。当然,如果要进行法哲学层面的探究,恐怕还要进一步对本

---

① 参见〔德〕诺伯特·霍斯特:《何以刑罚?》,王芳凯译,北京大学出版社2023年版,第114-115、138-139页。
② 同上书,第144页。

书未能回答的两个问题进行思考:其一,所谓"主体间可证成"意味着什么?是否需要借助商谈理论来确立判断道德规范正确与否的程序性标准?其二,尽管可以通过"其他条件"来区分道德的刑法强制与其他类型的制裁,但道德制裁与民法或行政法上的制裁又区别何在?违反道德虽足以证立道德的道德强制,但能充分证立道德的法律强制(包括道德的民法强制、行政法强制)吗?后者是否仍需附加(有别于正当化刑罚的)额外条件?

以上三点虽不能穷尽刑罚哲学与一般法哲学的所有联系,但足以说明,法哲学研究应当以更加开放和更加主动的姿态去吸纳和回应刑罚哲学的研究成果。刑罚哲学不是刑法学的自留地,它不仅与刑法教义学不可分割,而且对于法哲学来说也不应该成为"大门口的陌生人"。从这个意义上讲,霍斯特的《何以刑罚?》这本小书,不仅对于刑法学研究有助益,而且也可以成为法哲学研究的重要参考,成为法哲学与刑法学之间的桥梁。我想,这也许正是译者王芳凯博士邀我撰写导读的言外之意。

或许,现在是到了让刑罚哲学这块"飞地"回归法哲学的时候了。而这也可能代表着其他部门法哲学"飞地"陆续回归所迈出的第一步。

导论

惩罚，对于那些受其影响的人而言，是一种恶害（Übel）。但不是任何一种恶害都是惩罚。本书第一章澄清了"惩罚"的确切含义，并介绍了国家惩罚、社会惩罚以及宗教惩罚这三种基本的惩罚类型。国家惩罚或者刑事处罚通常被认为是最严重的处罚，关于它的全面论证是本书的中心内容。

就刑罚而言，最为重要的论证问题在于，为什么对人施加一种如此严重且往往伴随着长期后果的恶害（即刑罚）会被认为是一种合法的做法。正如我们将会看到的那样，这个问题极具争议性。第二章和第三章中所讨论的一切立场都是由著名的思想家们提出的。然而，更细致的分析表明，每一种立场不但在应用于我们的传统刑事实践时会造成重大的问题，而且其论证在哲学的审视下也是难以令人信服的。

在第四章中，我赞同对前述所探讨的立场采取某种特定的综合方案，但它在论证形式上和法学界常见的"综合论"（Vereinigungstheorie）有着很大的不同。本书试图表明，从理性公民的利益角度来看，有充分的理由将预防未来的犯罪行为而非惩罚过去的犯罪行为当作刑罚的目的，但还是要使"对这一目的的密切追求"取决于"与被惩罚者过去的犯罪行为有关的条件"。在第四章中还会讨论可容许的刑罚种类和公正的刑度问题。此外，关于决定论、意志自由和责任的问题也发挥着重要的作用。

第五章所要处理的议题不是惩罚的制度，而是特定行为的应惩罚性（Strafwürdigkeit）。显然，国家不得以刑罚来回应任意的行为。但是，国家应该根据何种特征来选择出那些值得被惩罚的行为呢？违反道德是否已经足够，以及违反何种道德？抑或特殊形式的利益侵害使某些行为值得被惩罚？任何一个行为是否都意味着此种利益侵害（其对个人或社会造成了伤害）？如果答案为肯定，那么国家应否对得到被害人同意的行为施加惩罚呢？

在结论中我想要说明的是，对惩罚预防目的的广泛批评是如何落空的。

本书关于所讨论立场的来源论述，仅局限于这些来源中最为重要的部分。外文引文是由我本人翻译的，同时要感谢朋友洛塔尔·弗里茨（Lothar Fritze）所提出的宝贵批评。

第一章 惩罚的基本论述

一、我们如何理解"惩罚"?

11　　惩罚是一种恶害,一种由人类(也可能是由神明)施加给某种有感受能力的生物(特别是人类)的恶害。由自然所引起的、没有人类(或者神明)介入的恶害,不是惩罚。不过,并非人类对人类施加的任何一种恶害都是惩罚。某个人基于施虐癖而伤害其同伴,或者出于利欲而偷窃他人的东西,虽然被害人遭受了恶害,但这种恶害不是惩罚。

　　那么,在 A 对 B 施加恶害之外,还需要再加上什么,才能使这种恶害被称作惩罚呢?对于 A 而言,施加恶害明显是为了实现一个非常具体的功能:从 A 的观点来看,它必须作为一种对"过去的、A 认为违反了规范的行为"的反应。举例而言,国家惩罚窃贼,因为他的行为违反了一条有效的法律规范。因此,惩罚必须——至少根据惩罚者 A 的确信——是在违反 A 认为有拘束力的规范或规则之后才发生的。这也适用于这样的例子,即母亲对其子女的惩罚,它与国家对其公民的惩罚完全相同。

为澄清起见,还应该提出以下观点。为了使施加恶害能够被视为惩罚,它必须是对违反规范本身的反应。这意味着,施加恶害不应被用来填补违反规范所造成的损害。例如,窃贼将盗取的汽车卖到了国外,而国家以强制执行的方式强迫窃贼在经济上赔偿车主,这一措施对于窃贼而言当然也构成一种恶害。但是,此一恶害本身并不是惩罚;毋宁说,在这一情形中,惩罚的恶害会额外地降临在窃贼身上。

在以下的例子中,人们也可以看到类似的情形,即行为人必须因为他所实施的伤害身体的行为而赔偿受害人的治疗费用,并支付抚慰金(Schmerzensgeld)。在此,我们所处理的事情也仅仅是对损害的填补或赔偿,而不是惩罚。惩罚和强制损害赔偿是完全不同的两件事情。在这方面,"罪犯有义务赔偿受害人的损害"这一规范是如此地不言而喻,乃至于不需要任何特别的论证——与惩罚(恶害)的宣告完全不同。

但是,是否只有实施了违反规范之行为(刑罚作为对违反规范的反应)的行为人,才会受到惩罚呢?人们可能会认为,在所有的情形下,受惩罚的人和行为人必须是同一的。事实上，通常也只有那些违反规范（刑罚作为对违反规范的反应）的行为人才会受到惩罚。

因此，如果 A 要受到惩罚，那么，也必须是同一个 A 实施了犯罪行为（刑罚作为对该犯罪行为的反应）。尽管如此，人们不应将"行为人和被惩罚者必须同一"这一条件纳入惩罚的概念之中。具体原因如下所述：

一种可想象的、关于惩罚实践的论证（正如我们在第三章中将要展开的探讨那样）在特定的条件下也包含对行为人以外的其他人（即无辜者）的处罚，是一种可能的情形。固然人们愿意认为，惩罚无辜者在任何情形下最终都无法得到论证。但是，放弃从伦理的角度来审视这个问题，是一种肤浅的做法。不过，如果我们将"只有行为人自身才可以因违反相关的规范而受到惩罚"这一要求纳入惩罚的概念之中，那么，这种放弃将是不可避免的结果。如此一来，"在特定情形下，无辜者是否也可以受到惩罚？"这一问题就不再能够有意义地被提出来，因为它将包含一种矛盾，只要无辜者根本不可能受到"惩罚"的话。一般来说，人们不应试图通过定义来回避有待处理的论证问题。

在此，还可以针对惩罚概念的一些相对不重要的方面作出三个简短的澄清：第一，本书并没有讨论对非人类的、有感受能力的生物（即动物）的惩罚。第二，与上述的论述相协调的是，个人不仅可以惩罚其他人，也可以惩罚自己。第三，在任何一种具体个案情形下，受惩罚者并不必然将刑罚视为一种恶害。例如，无家可归者乐意在监狱里面度过寒冷的冬季。但它并不会改变这一事实，即任何一种惩罚无论如何都是一种恶害（至少在正常情况下，绝大多数人都将它视作明显负面的东西）。

综上所述，我们所得出的结论是："惩罚"这个词是指某人对个人施加的一种恶害，其系作为对违反规范的反应，并且，此一恶害并不包括强迫他人填补因违反规范所造成的损害。

二、惩罚的三种基本类型

本章不涉及各种可能的惩罚种类，它们在第四章中才会被讨论。毋宁说，此处涉及的是人类的不同场域或背景。在这些背景中,惩罚出现了,并发挥了重要的作用。

(一) 国家惩罚

如前所述,国家惩罚或者刑事处罚是本书的中心。它通常被正确地视作最为明显且最严重的——至少在这个世界上——惩罚恶害。有一些特征可以将刑事处罚和非国家的、社会的处罚区分开来。刑事处罚不仅仅是因为此处通常采用的刑罚种类(如自由刑和罚金刑)而显得特别严重。通常情形下,人们难以或者不可能逃脱刑事处罚。因此,任何一个罪犯都得考虑其(根据行为的严重性)或多或少的被捕可能性,只要在任何情形下他的行为会被国家获知。此外,任何一个被逮捕的行为人也必须考虑到他最可能受到的惩罚。

相较于针对公民的社会惩罚,国家的惩罚(作为一种制度)同样具有优势,至少对于那些处于所谓法治国条件之下的国家惩罚来说是如此,就如同德国目前的情形一样。这些条件中最为重要的部分是:对于任何一个行为,如果在犯罪时法律没有规定可惩罚性,那么,它就不能受到惩罚。并且,只有无偏颇的法院在公平审判中向被告人证明了罪行,才能进行惩罚。这样的惩罚条件或类似的惩罚条件并不必然适用于社会惩罚的领域,这一点将在以下的章节中予以展示。

(二) 社会惩罚

社会惩罚是一种非常复杂的现象。它包含了所有的恶害,这些恶害虽然不是刑事惩罚,却在社会中被有意地施加在人类身上(作为对违反规范的反应)。此类惩罚最为重要的一种形式存在于对不道德行为(根据处罚者的确信)的反应。

此类行为存在于说谎或违约等情形之中;不过,它也会存在于同性恋或通奸等情形之中,尽管在我们目前的社会中这些行为已经不再被普遍视作不道德的。

当然,此类行为还存在于身体伤害或盗窃等情形中,这些行为除了导致国家惩罚之外,也会引起社会惩罚。如前所述,起到决定性作用的是,惩罚者在任何情形下都会将他所回应的相关行为归为对道德规范的违反。

在上述的所有情形下,规范违反在通常情形下会导致，那些认识到此种规范违反（行为）的人以某种方式作出反应：他们不仅会指责、拒绝、蔑视规范违反本身。他们通常也会向外表达自己的感受和态度。这并不必然意味着，他们必须向行为人表达他们的责备。他们也可能向他们与行为人共享的社会环境表达这种责备。在这种情形下，行为人所遭受的恶害甚至可能更为严重。

针对规范违反行为作出拒绝、责备或蔑视的反应虽然与国家惩罚一样都是制裁，但它与国家正式的惩罚不同，是一种非正式的制裁。这意味着，它们不会受到任何事先确定的固定规则的拘束，而是或多或少自发地发生，并由反应者以不同的形式和强度来彰显。因此，制裁（作为恶害）的效果在很大程度上取决于被惩罚者具体的生活情况。小镇里自营的手工业者受制裁的影响必然大过大都市的出租车司机。并且，一些既不重视也不依赖社会交往的人可能根本就不会受到影响。

不过，这种非正式制裁的触发因素不一定是对道德规范的违反。它们也可能是对其他种类规范的违反。例如，人们可以联想到习俗规范或礼仪规范：那些认为没有必要向村里的邻居打招呼的人，或者那些穿着短裤参加周日礼拜的人,同样也必须考虑相应的制裁。

即便是在较小的社会单元或团体内,如协会或家庭,通常也存在自己的规范,违反这些规范会导致上述的后果。这些规范往往涉及相关群体中公认的权威人士的具体指示。人们可以想到这样一个例子,即母亲指示其孩子必须在每天晚上七点之前回家吃饭,违反这一规范也会导致各种制裁。

一般而言,社会惩罚是一种针对不道德的、不符合习俗的或者不顺从的行为的反应,其不必然限于上述纯粹的言语行为,如责备等,它也可能具备暴力性质,并以身体伤害或者自由剥夺作为内容。如果是这样的话,它们甚至可以与典型的国家惩罚相比较。当然,国家是否允许其公民对他的同胞使用这类制裁,则是另一个问题。

通常情形下,我们这样的国家不允许这样做,即便在严重不道德以及违法行为的情形中,国家也会惩罚以暴力形式实施社会惩罚的行为;诚然,人们确实能以正当防卫的形式,通过暴力来保护自己并攻击那些想要偷他东西的人,只要盗窃行为还没有完成。但是,他不能在第二天用暴力的手段来惩罚已经发生过的盗窃行为。不过，即使在我们这样的国家，关于"父母在多大程度上可以使用暴力来惩罚子女"这个问题，也存在相当不同的法律规定。

（三）宗教惩罚

一般而言，人们将宗教惩罚描述为某种"更高的"惩罚，即由于人们的特定行为，超自然的力量对其所施加的惩罚。众所周知，（世界上）存在大量的宗教，因此，也就存在大量的以及各种形式的宗教惩罚。宗教学者当然可以针对宗教惩罚的种类撰写一本鸿篇巨著。在下文中，论述仅仅局限于此种宗教惩罚形式的一些典型特征，这些宗教惩罚发生在我们社会中普遍存在的基督教之中。特别是，正如我们将会看到的那样，基督教的惩罚观念对于国家刑事惩罚的设计和正当性（Legitimation）并非没有影响。

基督教的惩罚是由基督徒的唯一神明来宣布和执行的，其惩罚形式主要发生在人类的彼世，即死后的生命。尽管根据基督教教义在此世也会有宗教惩罚，但通常情形下这些惩罚无法被明确地识别为对人类的宗教惩罚：根据基督教教义，没有标准来确定，一种严重的疾病是作为上帝施加给人类的惩罚还是纯粹作为自然产生的结果。

然而，一个重要的例外是，上帝对人类始祖亚当和夏娃的所谓"原初的罪"（Ursünde）作出的惩罚。亚当和夏娃的"原初的罪"表现为：上帝在伊甸园里创造出他们两个人之后，虽然一般性地容许他们吃伊甸园里树木的果实，但明确禁止他们吃"位于伊甸园中央的树木的果实"，并以死亡相威胁。不过，俩人没有遵守这一禁令，还是吃了那棵树上的果实，从而使自己犯下"原初的罪"（《创世记》3：2—6）。

按照上帝的意志，此一"原初的罪"甚至发展成"承继的罪"（Erbsünde）。这意味着除了亚当和夏娃之外，他们的后裔——全人类——都必须承受上帝对行为人所施加的惩罚。这样做的后果就是："死亡进入了人类的历史"（《天主教会教义》，第400段）。人类永远被"驱逐出上帝的乐园"；他们被判处"为了生计而工作"以及"具有有限的可能性，远离上帝地生活"（《创世记注释》3：20—24）。

如果人们考虑到，自亚当和夏娃的"原初的罪"以来，已经有多少人在地球生活和死亡，以及在这些人当中，又有多少人的生活确实离天堂般的生活相当遥远，那么，神对于始祖的偷食行为所施加的惩罚的严重性就变得非常清楚。非常明显的是，我们此处所提及的惩罚，不仅影响到行为人本身，还影响到众多的无辜后代，他们与惩罚者所要回应的行为完全无关。尽管如此，这里还是说到了"惩罚"，这与此前的观点（本书第 12 页）*是完全一致的。

顺带一提的是，这类惩罚在人与人之间的交往中也不罕见。例如，人们可以联系到"血仇"（Blutrache）这一制度，即只要有人对部落中的某个成员犯下罪行（如谋杀），该部落的成员有权向行为人所属部落的任意一名成员针对这一罪行施加适当的惩罚。此种对无辜者的惩罚形式在原则上能否被正当化，是一个开放的问题，我们将在后文加以论述。

按照基督教教义，相较于前述的"此世的惩罚"而

---

* 此类参引中提及的页码，为德文版原著中的页码，即本书页边码。以下不再逐一说明。——译者注

言,"彼世的神明惩罚"更为严重,尽管这些惩罚实际上仅仅影响到那些实施了被禁止的行为的人。彼世的惩罚更为严重的原因在于,它们是无限的、永恒的,就如同朝向上帝的善人会在天堂得到上帝的永恒奖赏一样,背离上帝的恶人会在地狱受到上帝的永恒惩罚。个别的基督教神学家贬低甚至试图否定地狱的存在。不过,这种企图既不符合《圣经》,也不符合基督教会及其主要人士的明确声明。在此仅举《圣经》中的一段话作为例子,《新约》中指出,在最后的审判中,上帝将恶人送往地狱,并说道:"你们这些被诅咒的人!离开我!进到(那已经为魔鬼和他的使者们所预备好的)永远的火里去!"对于那些被判决有罪的人而言,它继续说道:"这些人将离去,进入永远的惩罚之中,义人却要进入永生"(《马太福音》25:41以及46)。

无论如何,天主教会从未对此留下任何的疑问,即上帝为罪人提供了永恒的地狱惩罚:"对于那些犯下死罪的人而言,死后他的灵魂会立刻进入地狱,并在那里遭受地狱的折磨"——一个"永远的"地狱。就地狱惩罚这一特殊种类而言,其"最严重的折磨"甚至不在于永远燃烧的火焰,而在于"永远与上帝相分离"(《天主教会教义》,第 1057 段)。

教皇本笃十六世(Papst Benedikt XVI)在担任神学教授时也是在这个意义上表述的,他写道:"永恒诅咒的思想……在基督教教义和使徒的著作中都有坚实的地位。就此而论,当教义谈及地狱的存在及其惩罚的永恒性时,它站在了坚实的基础之上"(拉辛格,第 176 页,引用了大量的《圣经》经文)*。

即便是改革者马丁·路德(Martin Luther),他也从未对永恒的地狱惩罚的真实性产生任何怀疑。在他的作品中,地狱和魔鬼一次又一次地被提及。在路德看来,即便是天主教会的教皇——作为路德的对手,路德将其称作"敌基督"——也应该被"以最迅速的方式……送入地狱的深渊"(路德,第 6 卷,第 453 页)。

三、为何惩罚需要论证

本书主要关注的是惩罚的伦理论证或正当性问题:

---

* 此类参引中提及的作品,具体信息见本书"参考文献"。以下不再逐一说明。——译者注

为什么应当存在惩罚这一恶害,特别是刑事惩罚?这是个在任何惩罚哲学中都必须处于核心地位的关键问题。此处想要简扼地说明为何如此。另外,本书还想要针对惩罚的可能论证指出最重要的观念。在下文中通常说的是惩罚,在有疑问的地方则是指刑事惩罚。

惩罚的论证问题必然需要一个回答,这是因为任何一种惩罚,正如我们所看到的那样,根据其定义就是一种恶害。因为一个人故意施加在另一个人身上的恶害显然需要一个正当化的理由。当然,对于刑事惩罚的恶害而言,这点更是如此,国家有目的性地将刑事惩罚的恶害施加于一个无力抵抗国家、任由国家摆布的个人身上。无论如何,从表面上来看,国家通过惩罚大规模地侵害了当事人的人权——根据惩罚的种类,这里的人权要么是他的生命权,要么是他的身体完整性权利,要么是他的自由权,要么是他的财产权。

仅仅凭借"许多人感到明显有必要惩罚行为人以作为对犯罪行为的回应"这一事实,当然不足以使施加惩罚的行为免于遭受侵害人权的指控,毋宁说,惩罚的施加应被视作此一侵害行为的例外,且该例外是有充分理由的。施加惩罚是一种针对犯罪行为的完全正当化的回应，这点绝不是不言而喻的。否则，至少在国家之外的状态下（在此，不存在刑事惩罚），个人惩罚恶行这一做法在道德上就可以直接被正当化。这意味着，例如，A的邻居B破坏了A的花园，A不仅可以要求B赔偿损害，还可以破坏B的花园来作为适当的惩罚。当然，这不是不言自明的。

在法律伦理学的传统中，存在两种截然不同的关于惩罚论证的观念，直到今天都是如此。其中一种观念是向后的（rückwärts），面向过去的；另一种则是向前的（vorwärts），面向未来的。也就是说：其中的一种观念，即报应论（Vergeltungstheorie）的观念，将惩罚完全建立在过去的规范违反之上，通过惩罚，人们可以对过去的规范违反公正地作出回应。举例而言，小偷之所以受到惩罚，是因为他偷了东西。另一种观念则是预防论（Präventionstheorie）的观念，其将惩罚完全建立于惩罚在未来所要实现的效果之上。据此，同样一个盗窃行为之所以会受到惩罚，是因为人们认为，惩罚小偷在因果上可以降低日后盗窃数量及可能的严重性。

然而，不应忽视的是，只要已经实施的犯罪行为在任何情形下都是惩罚的必要条件之一，任何的预防论都具有一个指向过去的要素。这一点可以从以下的事实中得出：根据其定义，惩罚只能作为对犯行的反应（参见本书第11页）。

仅仅因为认为某个人是一个潜在的、未来的小偷，就对他施加恶害以（实现）震慑的人，并不是在惩罚这个人。国家对于恐怖分子所采取的特定预防措施也是如此。即便这一措施在伦理上可以被论证，但无论如何它都不是惩罚。惩罚的前提条件是，在惩罚之前存在一个可罚的、至少是以未遂的形式出现的行为。父母预防性地拳打其孩子，从而让他以最好的方式为即将到来的考试做准备，父母在此范围内也不是在惩罚孩子。

上述两种对立的论证观念存在多种不同的理论实现方式，其中最重要的将在下文中讨论。在此应当指出，预防概念出现了两种非常不同的版本：其中一种版本认为惩罚的目的是特殊预防（Spezialprävention），另一种版本则认为惩罚的目的是一般预防（Generalprävention）。这意味着，特殊预防论的目的是确保实施犯罪行为的行为人本人在未来尽可能地不再实施犯罪，一般预防论的目的则是确保任何一个人在未来尽可能地不再实施犯罪。因此，对于特殊预防论而言，惩罚的目的是通过惩罚使行为人能够重新成为社会的正常成员，通过改造使其重新融入社会。与之相对，对于一般预防论而言，惩罚的目的则是通过可见的惩罚恶害来阻止任何一个可能的罪犯在未来实施犯罪行为。

报应论和预防论的探讨分别见于本书第二章和第三章。无论是报应观念还是预防观念，只要它们被一贯地、毫不妥协地主张，就会被证明是站不住脚的，因此，本书第四章的内容，是基于一个根本性的视角发展出这两种观念的替代方案（Alternative）。虽然此种基于一般公民利益情形的替代方案在结果上包含了这两种观念的要素，但它并不等同于这两种观念简单叠加的"综合论"。综合论没有更深层次的论证，而只是从这两种观念中采用了与我们通用的刑事实践相一致的东西。毋宁说，该替代方案所涉及的是，立足于个人主义的利益伦理发展出明显有别于上述两种观念的惩罚理论。

第二章 用于报应的惩罚?

25　　　现在让我们从惩罚的报应观念及其肯定、否定立场开始谈起。正如我们所看到的那样，惩罚始终是一种针对（假定的）规范违反而被施加的恶害。因此，规范违反是后续发生的惩罚恶害的必要条件。但是，如果这一说法是正确的，就证明了以下的伦理立场：第一，只有实施了规范违反行为的人才可以受到惩罚。在任何情形下，人们都不得因某人实施的行为而将惩罚恶害加诸行为人之外的其他人。第二，施加惩罚恶害的正当化理由只能在于，行为人因规范违反行为所造成的恶害而受到惩罚恶害的报复。因此，通过惩罚，规范违反行为在某种意义上得到了衡平。就此而论，为了报应已经实施的规范违反行为而作出的惩罚，除了衡平正义之外，别无其他目的。

　　这种观点乍看之下似乎很有道理。但是，任何人在真正同意这一观点之前，都应该考虑以下内容：无论如何，衡平正义在大多数的可罚行为中发挥着极为重要的作用，即便这些行为根本没有受到惩罚。因为大多数的犯罪行为——如盗窃或身体伤害——不仅仅是犯罪行为，还对另一个人，即犯罪行为的受害人，造成了重大损害。

但这意味着：衡平正义理所当然地要求此一损害应当得到衡平或者填补，也就是说，要将它偿还给受到损害的人。这种形式的衡平正义或报应根本不存在任何疑问，而且也得到了普遍的承认。只是：我已经说得很清楚了（本书第12页），这与惩罚无关！另外，通常不是由负责的刑事法官而是由民事法官在一个独立的程序中将其分配给犯罪行为的被害人。在所有的这些情形中，刑罚是在损害赔偿义务之外额外对行为人施加的一种恶害。

尽管如此，很多人确实有一些自发性的需求，要求对典型的恶害行为施加惩罚性的报应，正如上文所提到的那样：任何故意偷窃或伤害他人的人，都应该——与他弥补所造成的损失的义务完全无关——受到额外的惩罚。诚如前述，这一要求可能会得到许多人的同意，无需赘述。无论如何，报应刑（出于报应的刑罚）的目的乍看之下似乎是纯粹向后的：刑罚在未来会对被惩罚者本人或整个社会产生何种后果，是毫无意义的。唯一重要的是，通过施加刑罚恶害，行为人的规范违反行为或者恶害行为遭到了妥当的报复。

然而，普通公民的这种报复需求，当然不是在所有拥有这种需求的人身上都是同样强烈的。《圣经》中的论断并非适用于每一个遵守法律的人:"义人见仇敌遭报就欢喜;他要在恶人的血中洗脚。"(《诗篇》58:11)不过,对于那些本身就是犯罪受害者的人来说,报应通常会具有特殊的意义。在此,报应的需求变成个人复仇的需求,并不罕见。这种复仇的需求和上述所提到的毫无疑问被正当化的损害赔偿需求通常是互相交融的。在那些由于某种原因而完全不能或不能完全赔偿损害的情形中,这种交融尤其容易被理解。

在这种情形下,人们一方面可能会想到行为人没有(也许永远都不会有)经济能力来完全赔偿其犯罪行为所造成的损害。举例而言,这一点可能适用于相当多数的实施放火烧屋行为的人。另一方面,人们可能也会想到这样的情形,即行为人所造成的损害因其性质而无法得到妥当的赔偿。例如,这一点适用于造成截瘫的身体伤害,甚至是杀人的情形。当然,人们可以明显地看到,在这种情形下,犯罪的受害者或其最亲近的亲属特别倾向于让行为人至少遭受刑罚恶害,以衡平一种无法填补(损害)的行为。

非常重要的一点是，必须看到广泛的报应需求和本来的、古典的报应论并不相同。对于报应论（本章将要讨论不同版本的报应论）而言，报应的要求是一种可被认知的正义要求，完全独立于人们对报应的任何利益或需求。根据这一理论，它是一种在人类之间事先被给定的、通过纯粹理性来掌握的规范（该规范要求通过刑罚进行报应），而不是某种经验上存在的人类需求（这种需求最多只能为那些拥有此种需求的人证成刑罚，即主观证成刑罚）。

这并不是说，在"要求报应的、客观上事先被给定的规范"和"报应的经验需求"之间不能存在密切的关联。部分的赞同理由在于，那些具有报应需求并在正当利益的意义下向外提出和主张此一需求的人，同样确信报应刑在客观上事先被给定的正当性。就此而言，对于实际存在的报应需求或报应利益，它的前提条件不是报应在客观上被正当化的实际可能性，而是人们确信这一正当化在特定情形下的可能性。不过，报应的需求或报应的利益在多大程度上可以为刑罚的证成发挥作用，本书第四章中将对此展开探讨。

本章所涉及的内容是，那些声称具有客观有效性的刑罚报应论的说服力。只有当人们能够通过哲学的路径来证明一个客观有效的道德原则——该道德原则明确规定用于报应的刑罚是对规范违反的回应——这样的报应论才能在伦理上被证成。事实上，有一些知名的哲学家就是如此主张的。我们现在就来看看他们的刑罚论。

一、康德的"同态复仇原则"

几乎没有任何一个哲学家像伊曼纽尔·康德（Immanuel Kant）那样，如此果断地赞同纯粹的报应刑。按照康德的见解，刑罚的施加"绝不能仅仅作为一种手段"来"促成其他的利益"，无论这种利益是"对于行为人，还是对于公民社会"。正如康德所写的，"刑法是一种定言令式（kategorischer Imperativ）"，故而，它不能再服务于其他目的。在此，报应权（ius talionis）必须确定"惩罚的质与量"。不过，这意味着，行为人必须始终被"同态复仇"（康德，第453页以下）。

以谋杀为例，康德非常深刻地展示了，他是如何详细地理解惩罚的报应论,以及他将哪些结果与之关联起来:康德说,如果某人杀了人,那么"他就必须死";对于死刑而言,"没有替代物可以满足正义"。进一步而言:"即便是公民社会在所有成员都同意的情形下被解散(例如,居住在一个岛屿上的人民决定分道扬镳,各奔东西),被关押在监狱里的最后一名谋杀犯也必须先被处决,以便使每个人都遭受其行为应得的结果"(康德,第455页)。

当康德在此背景下谈到"犯罪"(以及"罪犯")时,他已经预设了相关行为事实上应被视作违法行为或违反法秩序的行为,应受到惩罚。当然,就各个行为而言,这种预设或假设需要一个特殊的论证,我们将在本书第五章中探讨这个问题。不过,在目前的情况下,可以不用考虑该论证,因为这里唯一的问题是,为何在根本上需要存在惩罚这种东西。"如果惩罚(特别是刑罚)可以被一般性地证成,那么,在任何情形下,诸如谋杀或盗窃的行为都应当受到惩罚"就是一项无可争议的假设。因此,在下文中谈到"犯罪"时,笔者总是像康德那样,泛指应受惩罚的法权侵害。

如果人们仔细研究上述引文，康德的惩罚报应论包括了以下三个论点：

第一个论点是：罪犯必须为其行为受到惩罚，从而实现报应。

第二个论点是：罪犯受到惩罚的原因仅能基于报应。

第三个论点是：惩罚的类型和严重程度必须与犯罪的类型和严重程度相一致。

现在让我们稍微解释一下这三个论点。第一个论点指出，特定的犯罪行为不仅仅是为了报应而被惩罚，而是必须为了报应而被强制性地惩罚。国家必须惩罚诸如谋杀或盗窃等行为——其唯一的原因是这些行为的发生。第二个论点甚至走得更远。它指出，除了报应之外，不存在额外的惩罚理由，也就是说，特别是不能用惩罚来追求未来的目标。康德不仅反对任何将预防作为惩罚的唯一原因的理论，他甚至还表示，即便是在某个要点上——在根据所谓的综合说而将报应目的和预防目的结合起来的意义下——将作为未来目标的预防一起纳入惩罚的证成之中是不合法的（illegitim）。当然，这并不意味着，对于康德而言，一个合理的惩罚必须保持没有预防作用。这仅仅是说，预防作用不能以任何方式服务于（惩罚的）证成。

因此，第一个论点和第二个论点所要共同说明的是：任何一项合法的惩罚都是向后的。此外，任何一项向后的、合法的惩罚都是强制性的要求。任何关于惩罚对未来行为影响的前瞻性考量都是不被容许的。

第三个论点指出，惩罚必须在所有相关方面以各个犯罪行为为导向。在"质和量"上，惩罚必须与它所要报应的罪行相等同。因此，康德主张《圣经》中"以眼还眼，以牙还牙"（《出埃及记》21：24）的基本原则。唯一可以考虑支持或反对某一特定惩罚（如死刑）的理由，是所犯罪行本身的特定性质。像奥特弗里德·赫费（Otfried Höffe）这样的康德主义者认为，"任何一个想要冷静判断康德立场的人"会怀疑"作为康德报应论的追随者，他也必须主张死刑"这一说法（赫费，第216页）。当然，康德主义者（Kantianer）必须主张死刑。顺带一提的是，康德对某一时期的"政治正确"从不感兴趣。因此，他批评他的同代人——意大利刑事政策家切萨雷·贝卡里亚（Cesare Beccaria），认为他"所有关于死刑的不合法性的主张"是完全没有根据的，只是立足于"造作人性的共情感"（康德，第457页）。

不过，康德也注意到，并不是所有的犯罪行为都可以真正地用第三个论点来衡量。人们可以联想到诸如煽动民众、贩卖儿童、强制性交或放火等罪行。对于煽动民众、贩卖儿童或强制性交等罪行而言，一个真正与罪行相同的惩罚似乎是根本不可能的；而对于放火等罪行而言，这种可能性取决于许多罪犯无法符合的前提条件（如拥有与被烧毁的房屋相当的房屋）。

康德在原则上也认识到了这个问题，并试图通过以下方式来解决。对于那些根据事物本质"无法报应的"（即无法以相同方式实施报应的）罪行而言，康德明确规定了替代刑（Ersatzstrafe）。例如，在强制性交的情形下，替代刑包括"去势"；在兽奸的情形下，则包括"永远驱逐出公民社会"。康德指出，以此方式，罪犯至少是"按照刑法的精神"遭受"其行为对他人所造成的结果"（康德，第487页以下）。在兽奸的情形下，行为人对哪些"其他人"犯了罪,仍然是——只要动物享受了与他的性接触——未知的。就去势(作为对强制性交的惩罚)而言,这种惩罚或许可以作为一种特殊的预防手段,但它很难作为一种与强制性交相提并论的报应。

对于康德而言,"尽管如此,一种可能的、纯粹的报应刑在伦理上是有问题的"这一点似乎是被排除在外的。由于康德甚至认为诸如死刑和去势等惩罚是没有问题的,那么,人们可以假设,他也会认为对放火或严重的身体伤害行为处以报应刑是被容许的,甚至是必须的。事实上,康德对《圣经》中"以眼还眼,以牙还牙"原则的表述比《圣经》更为一贯,因为《圣经》规定,对于兽奸或人类之间的同性恋行为等"罪行",不能"以眼还眼",而只能用死刑(作为替代刑)来处理(《利未记》20:15和13)。康德认为这种做法是不公正的。

我们现在必须转向的大问题是:康德的惩罚报应论能否令人信服地被证成?我们首先必须提出这个问题:康德本人是如何证成这一理论的?

在康德看来,某些恶害行为(作为犯罪行为)必须受到与行为本身相同的惩罚,亦即必须受到报应,这显然是一个不言而喻的正义原则。对于报应刑的减轻（例如，因为减轻报应刑可以带来某些积极的社会后果）就是对这一原则的背离。对于康德来说，这就意味着"正义的消亡""人活在世上，将不再有任何的价值"。因为"如果正义为了任何一项价格而出卖自己，正义就不再是正义了""一个人死亡胜过全体人民沦丧"（康德，第453页）。

在康德的这些句子或类似句子中，人们很难真正看到惩罚理论的证成。当然，一个人死亡总比地球上没有一个人能够再过上有价值或有意义的生活要好。但是，当我们——与康德的第二个论点相反——因为想在未来阻止这些犯罪而惩罚犯罪时，为何第二个选项*会自动成为现实呢？并且，如果其他更宽松的处理罪犯的惩罚措施同样可以保护国家免受未来的此类犯罪的侵害——与康德的第三个论点相反，我们不对每个杀人犯处以死刑，不对每个强制性交犯处以去势——为何正义就会消亡、全体人民就会沦丧呢？

---

* 即地球上没有一个人能够再过上有价值或有意义的生活。——译者注

当人们考虑到，任何惩罚从定义上来看都是一种针对被惩罚者的恶害——这种恶害从表面上来看在任何情形下都是对其个人权利的严重干预，人们就很难对康德的主张（即除了正义之外，没有其他的东西能够强制性地要求他所设想的报应刑）感到满意。

诚如前述：正义毫无疑问必须要求的是，因犯罪而受到伤害的人应当尽可能全面地得到损害补偿或弥补。但是，除此之外，为何正义还要求对行为人施加报应（这种报应对于受害者和社会整体都没有任何的好处）？当然，在这种情形下，不应忽视的是，有些罪行（如谋杀）根本无法对受害者进行补偿（然而，即便在谋杀情形下，行为人也有义务向那些被害人对其具有抚养义务的人支付定期金）。不过，在谋杀情形下，满足超出损害赔偿之外的被害人复仇需求同样不被纳入考量范围。那么，为何一定要对谋杀犯处以死刑，为何一定要对谋杀犯处以刑罚呢——除了这种刑罚对整个社会有积极的影响之外？

康德的惩罚正当性概念在理论证成上完全是悬而未决的，其实际上只能被视为"给《圣经》宗教上的报应论披上世俗外衣的一次失败尝试"(参见本书第 20 页以下)。这个概念不能建立在所有具备"实践理性"的理性个人的同意之上。

二、黑格尔的"法权侵害的消除"

至少和康德的惩罚报应论一样难以理解的是格奥尔格·威廉·弗里德里希·黑格尔(Georg Wilhelm Friedrich Hegel)所提出的理论版本。对于黑格尔而言,对犯罪进行报应的刑事惩罚同样是正义的要求。然而,他认为,与其说惩罚是为了对行为人所犯的罪行进行报应从而施加恶害,不如说它是这样一种措施,即通过这种措施,犯罪所固有的"对作为权利的法的侵害"得以"被消除"。在这样一种"消除"中,黑格尔看到了"法的恢复",这种恢复是通过惩罚中所固有的、对法权"侵害的侵害"或者对法权"否定的否定"来实现的。黑格尔认为,如此理解的法权重建能够充分地证成报应性的惩罚。按照他的观点,罪犯本人甚至拥有"自身的权利"去要求这样一种被理解为法权恢复的、对犯罪的报应。

因此，罪犯恰恰是通过报应而"被当作理性人来尊重"（关于前述内容，参见黑格尔，§§99-104，第195页及以下）。对于这一版本的报应刑，存在诸多反对意见。

第一，人们可以将报应刑称作对法权"侵害的侵害"。但是，为什么仅仅通过"用恶害来报应另一个恶害"，对法权的侵害就直接被"消除"，而法权又被"恢复"到原来的有效性呢？当然，人们可以争辩说，法权因惩罚而得到"恢复"，因为法权侵害行为——或者是通过行为人本人，或者是通过其同胞——在未来不再发生，或者至少降低发生的频率。但这种说法毕竟是向前的，而黑格尔和康德在某种程度上都明确地拒绝了这种说法。然而，无论如何，过去发生的、对于法权的侵害仍然存在，其绝不可能通过惩罚而被回溯性地消除或取消。假设这种消除是可能的，那么，它甚至会导致各个犯罪受害者不再有法律权利要求损害赔偿——这种结果同样是奇怪的、明显不公正的。

第二，黑格尔通过他的理论所要表达的意思可能是，虽然对罪犯的惩罚并没有消除其法权侵害，但他在主观上的道德罪责或许已经被偿还了。但这一"罪责"应当包括什么呢？它是否如人们所设想的那样，包含了犯罪者在犯罪时的某种内在态度——如他恶意的犯罪意图？如果是这样的话，那么，这种罪责在事后也是无法被消除的。或者说，它也许包括了一种与犯罪有关的、仅能通过惩罚的施加来消除的犯罪者"烙印"。如果是这样，这种经验上无形的、特定的、仅通过惩罚就能消除的罪责，在其定义中就已经与报应刑相联系。然而，这意味着，人们不能诉诸同样一个"罪责"来证成报应刑，因为人们已经以这样的方式定义了它只能通过报应来偿还。通过发明一个新的罪责概念，人们并无法为惩罚提供任何伦理上的理由。

第三，举例而言，我不相信一个银行劫匪在犯罪成功后会特别急于实现他自身要求报应的权利。我也不明白，为什么一个喜欢用他必须支付惩罚的钱来买车的罪犯或者一个喜欢待在家里而不是在监狱里度过未来几年的罪犯（按照黑格尔的说法）没有这种可能性，即放弃行使他要求报应从而"被当作理性人来尊重"的"自身的权利"。例如，我作为巴伐利亚州的居民，根据《巴伐利亚州宪法》第109条规定拥有"在我选择的任何地方居住和定居"的"权利",这一权利并不会阻碍我"放弃行使这一权利,保留我目前在巴伐利亚州的住所"。那么,为何我在犯罪后就要被强制性地送入监狱?仅仅是因为按照黑格尔的说法,我的罪行使我具有了"要求得到报应的权利"?实际上,这种权利不过是一种向罪犯提供的友好建议。关于"报应权和惩罚(作为一种被强制施加的恶害)的通常功能没有什么关联",它不需要更为详细的论证。

第四,如果还是有一些罪犯想要在监狱中度过即将到来的冬天,那么,我也会提出这样一个问题:为何我作为一个纳税人,必须在经济上资助这些罪犯的监狱生活(涉及了大量的费用)。按照报应论,我从这些罪犯"被当作理性人来尊重"这件事情中得到了什么呢?在此关联下再次明确指出:黑格尔——和康德一样——在其对惩罚的论证中,丝毫没有关注惩罚对公众、对公民的保护和安全的益处。

如果阅读以下的句子,人们一定会获得这样的印象:对于黑格尔而言,惩罚基本上必须服务于国家的自导自演(Selbstinszenierung)。事实上,具体到他对惩罚的论证上,黑格尔在谈到国家时写道,"对(作为个体的)个人的生命和财产的保护和保障"并不是"它的实质性本质";毋宁说,国家是"一种更高的东西,它甚至有权对这种生命或财产本身提出要求,并要求其为国家牺牲"(黑格尔,§ 100,第199页)。显然,黑格尔想说的是:谁不服从国家,谁就得为国家牺牲自己的生命和财产,即便这对一个公民是没有任何益处的。因此,公民是为国家存在的,而不是相反。

三、菲尼斯的"公正秩序的重建"

最后,还有第三个版本的报应论,同样试图通过指明行为人所实施的罪行来证成惩罚。这一版本由几个当代的哲学家提出,其中牛津大学法哲学家约翰·菲尼斯(John Finnis)以特别清晰的形式主张这种版本的报应论(参见菲尼斯,第262页及以下)。在菲尼斯看来,对犯罪的惩罚是一种强制性的要求,因为只有通过报应性的恶害施加的衡平,才能够恢复被犯罪所消除的公民之间"成比例的平等或正义"(菲尼斯认为,此处所涉及的法秩序是正当的)。在此,菲尼斯认为值得惩罚的不公正并不在于犯罪者对犯罪受害者所造成的损害;毋宁说,他认为不公正在于,犯罪者通过对其自由的违法行使来为自己争取到一种(相较于行为合法的同胞)不公正利益:后者遵守法秩序并接受其限制和义务,而犯罪者则从"他无视法律而放任其倾向和冲动"这件事情中获益。

从这个角度来看,犯罪者的行为不仅仅对犯罪受害者造成了损害。对行为合法的同胞而言,该行为是非常不公平的,只有适当的刑罚恶害才能够纠正这种不公平、不公正的情形。这意味着:犯罪者必须接受惩罚,如此一来,他才能降低至所有公民一开始就公正站立的水平线上(行为合法的同胞从未离开这一水平线)。

犯罪者通过法律侵害而在同胞面前为自己不公正地争取到利益,该利益必须通过刑罚恶害的不利益才能公正地予以衡平。只有这样,犯罪者才能回到社会的公正秩序自始就为所有公民所创设的水平线上。法律秩序通过其禁令从所有公民手中平等地夺走了自由,而犯罪者却通过其行为使用了该自由,因此,必须通过适当的惩罚来再次夺走这种自由,以进行衡平性的报应。从而,这里所主张的、有利于法忠诚公民的衡平性正义要求，与有利于受害者的、毫无争议的民事损害赔偿要求是相当类似的（参见本书第12页）。在此，菲尼斯并没有提出法忠诚公民中存在的报应需求，而是将报应要求完全视作正义的客观要求（参见本书第27页及以下）。

乍看之下，这一版本的报应论之于个别读者似乎比康德和黑格尔的强烈的形而上学版本更具有说服力。不过，经过一番思考，我必须说，我几乎无法理解，一个生活基本与法秩序相协调的公民应满足何种前提。当我具有最大的善意时，我不会声称我之前放弃强制性交是因为使我遭受负担的法律上对我自由的限制。随着我对强制性交的放弃，我从来没有真正地服从法律，亦即立足于法律而实施放弃；毋宁说，出于欠缺实施这种行为的倾向，到目前为止，我只是在行为上符合法律的规定。这并不是说，如果我想要强制和某人性交，我就不会让自己的行为符合法律的规定（在这种情形下，我本应遵守法律）。不过，我只能对此进行推测，因为我从未发现自己处于这种情形。无论如何，就目前的情形而言，法律和道德在我放弃强制性交这件事情上从未发生过作用。

由此可见：法律上禁止强制性交，对我来说实际上从来没有任何的不利益。就此而论，我不会因为 A（让我们如此假设）已经实施了好几次强制性交，而觉得自己在任何方面受到了犯罪者 A 的不公正或不公平对待，因为，我没有像 A 那样，在对待女性的行为中将自己交由所适用的法律来决定。因此，我根本看不出，为何 A 在成功实施完犯罪行为之后，如果他没有受到惩罚，他的处境就会比我好，以及仅仅基于同一个原因——即出于对我的公平——A 必须受到惩罚，从而再次被降至我（身处）的水平线。我利用我的倾向和我的自由来成功地弹钢琴，就像 A 利用他的倾向和他的自由来成功地实施强制性交。那么，为什么我会感受到 A 受到了不公平或不公正的对待呢？

当然，我可以对 A 的行为感到不安，也许就有充分的理由要求对 A 进行惩罚。但是，我当然不能像菲尼斯说的那样，因为 A 使我受到了不公平的对待，所以我要求惩罚 A。毕竟我没有因为 A 所犯的罪行而受苦或者正在受苦；毋宁说，受苦者显然是该罪行的（过去和未来可能的）受害者。为了他们而并非为了我，我想，国家必须在此进行干预,并拿出适当且可接受的手段,尽可能地阻止这些犯罪!刑事惩罚是不是这样一种手段,我们将在本书的后续章节详加论述。

不过,在目前的背景下,唯一的问题是所实施的罪行是否使惩罚的施加成为必要——不考虑其可能的后果。在这一点上,我还想再次指明惩罚和赔偿之间的根本区别,这一点经常被忽视。正义的一个不言而喻的要求是,只要可能的话,被害者(如遭受强制性交的被害者)就应当得到行为人的赔偿。然而,惩罚,尤其是刑事惩罚,是完全不同的东西——即便人们认为损害赔偿义务是一种发生在行为人身上的恶害,从而将损害赔偿义务视作一种惩罚,亦是如此。刑事惩罚是一种发生在行为人身上的、与任何损害赔偿义务无关的恶害。此外,还有一些刑事犯罪,如"醉酒驾驶",并不需要与任何实际的损害相关联。

令人惊讶的是,即便是专业的哲学家,他们也经常简单地忽视了报应和损害赔偿之间的区别。例如,奥特弗里德·赫费将英国启蒙哲学家约翰·洛克(John Locke)和康德一起当作报应论的代表(参见赫费,第

218页以下)。然而,在赫费所引用的这段话中,洛克写道,对犯罪的制裁只有在"能够起到赔偿和震慑作用的情况下才是正当的,因为这是一个人可以合法地伤害其他人的唯一理由"(洛克,第204页)。这与康德的报应论完全相反。

回到我们最初的论点:在一个社会中,肯定有为数不少的公民,他们之所以不实施某种特定的罪行,例如强奸,仅仅是因为他们缺乏这样做的倾向,或者是因为他们认为这样做是不道德的("第一类公民")。此外,可能有大量的公民,他们甚至不知道他们不做的一些行为是法律所禁止的。对于这种行为,我可以举出一个例子,即公然诋毁"德意志联邦共和国或其中一州的国/州歌",根据《德国刑法典》第90a条,这种罪行在德国应当受到惩罚。

当然,如果某人因为欠缺倾向性或道德性的原因而放弃实施强制性交或诋毁石勒苏益格-荷尔斯泰因州的州歌,并不意味着同一个人也会因为同样的原因而放弃实施其他犯罪,如盗窃或者醉酒驾驶。当然,许多公民之所以会放弃实施某些罪行,只是因为这些罪行侵害了法秩序。对于这些在某种程度上遵守法律的人，我们必须将他们区分为两种类型：有一些公民是出于对国家法秩序的忠诚态度而遵守法律（"第二类公民"）；有一些公民只是出于对即将面临的惩罚的恐惧而遵守法律（"第三类公民"）。

现在，对于这两种类型的公民来说，法律的存在确实是他们（根据法律）放弃那些犯罪行为的必要条件。但我们不能忽视的一点是，只有对于第二类公民来说，我们所讨论的惩罚正义理论的条件才能得到满足：只有他们是出于法忠诚才实施放弃行为——即放弃通过违反法律而使自己（如强制性交犯 A）获得的利益。就此而言，只有第二类公民相较于 A 确实处于不利地位。

然而，对于第三类公民来说，他们出于对惩罚的恐惧而遵守法律，只有当相关的违法行为已经与惩罚相关联时才可能是正确的。但是，既然我们仍在为正当的惩罚寻找论据，那么，同一个惩罚就不能反过来为该论据提供支持；否则，所提供的这个论据就是循环的。因此，我们必须完全像对待他们的同胞一样来对待第三类公民（其同样不是出于纯粹的法忠诚而遵守法律），就仿佛他们实际上根本没有遵守法律而是自由地放任他们的犯罪倾向（他们仅仅因为害怕惩罚而没有屈服于这种倾向）。这意味着：和第一类公民（其行为符合法律规定的原因是欠缺倾向性或道德性的原因）一样，对于第三类公民，我们同样不能说犯罪者比他们更有优势。事实上，只有第二类公民是基于法忠诚的意念而放弃实施犯罪行为（法忠诚是犯罪者所缺乏的，或者是行为人为了满足自己的倾向而无视法忠诚）。

不过，第二类公民的相关劣势是否为报应性的刑事惩罚提供了充分的论据？为何正义要求对某些公民施加大规模的恶害（如刑罚），仅仅是因为他们通过违法行为获得了比其他公民更多的益处（在行为人没有以任何方式伤害其他公民的情形下）？这种优势真的必须由刑事惩罚来衡平吗？以下的思考要点反对这种说法。

第一，正如所解释的那样，那些因犯罪而受到不利益的人（总是将犯罪被害人排除在外）仅仅是公民的一部分。然而，这意味着：如果犯罪者受到惩罚以衡平他的罪行，那么，对于第二类公民的公平平衡就可能得到恢复。不过，惩罚的后果是创设了一种新的不平衡，这种不平衡相较于惩罚所要补救的不平衡更为严重。现在，被惩罚的犯罪者因为他们所必须承受的恶害而处于一种明显更差的处境，即处于不利地位（相较于第一类公民和第三类公民）。这正是上文论证的逻辑结果，即犯罪者并没有因为他的行为而取得任何好处（相较于第一类公民和第三类公民）。因为如果这一点是正确的，那么必然会出现这样的情形：尽管犯罪者实施了犯罪行为，但仍和他们（第一类公民和第三类公民）处于相同的水平线，而现在通过惩罚明显使犯罪者受到了不利益。

的确如此。比如说，像 A 这样的强制性交犯由于遭受惩罚而处于一种与我相比更为不利的处境之中。因为如果我有他的倾向，我可能也会像他那样违反法律。然而，就目前的情况来看，我并没有因为我的弹钢琴倾向而受到惩罚，而他却要因为强制性交的倾向而受到惩罚。笔者认为，无论如何，A 相对于我而言处于一种不利的处境，因为我们都同样追求自己的倾向。在这种情形下，惩罚 A 的唯一原因是我对他的受害者的同情以及"防止更多受害者受到伤害"这一愿望。但这一原因关注的是未来可能的犯罪受害者的命运，其没有被惩罚报应论的支持者所承认。这同样完全适用于目前讨论的这一理论的正义版本，对它来说，起到决定性作用的并不是犯罪受害者的情境，而仅仅是那些未违反法律的同胞的情境。

第二，从这一切可以看出：如果犯罪者没有受到惩罚，他确实比某些公民（第二类公民）更有利或仍然保有优势，而如果犯罪者受到惩罚，他实际上相较于其他的某些公民（第一类公民和第三类公民）是处于不利地位的。但更糟糕的选项是：是一群公民因为不受惩罚而比他们的一些同胞更有利，还是同一群公民因为受到惩罚而比他们的其他同胞更不利？相较之下，通过取消特定的税法而不公正地增加特定公民的净收入，或者通过发布特定的税法而不公正地减少这些公民的净收入，何者更为糟糕？从当事人的福祉来看——无论是在惩罚的情形下还是在收入的情形下——人们显然会支持认为第二种选项更为糟糕而选择第一种选项。此外，反对惩罚选项的另一些论点是，鉴于惩罚的恶害性质及其对人权的侵犯可能性（参见本书第22页），赞同惩罚的人显然具有论证的负担，以及鉴于国家的刑事惩罚具体所涉及的费用,在存有疑问的情形下,放弃惩罚是一个更好的选择。

此外,还有一个专门反对这种较新版本的报应论的理由。当我们扪心自问:"这个版本究竟设想了哪一些种类的惩罚"时,它就非常清楚了。显然,它不是从同态复仇原则导出的、康德的惩罚(参见本书第 31 页),而是现代法秩序的常见惩罚(菲尼斯如此明确地表示,参见菲尼斯,第 263 页及以下)。但是,这个版本是否也能够证明,比如说,强制性交应当得到比盗窃更高的惩罚?我看不出这一点。毕竟,正如所解释的那样,对犯罪受害者的伤害和对未来伤害的预防,对他们而言并不重要,唯一重要的是不公正的对自由的僭越,而这种僭越在于法秩序的违反。

但是,如何衡量这种对自由的僭越在犯罪 X 的情形下比犯罪 Y 的情形下更大呢?其不取决于罪名本身而取决于实行(犯罪)的情况?那么,个别的强制性交情形岂不是要比一些盗窃的情形受到的惩罚更加轻微?如果是这样的话,实际上有什么理由可以反对"用(比如说)十天的监禁来惩罚每一个违法行为"这一做法呢?

简而言之，如果不考虑所造成的损害或所危及的法益的价值，人们如何得出各种罪行分级或比较权重以及适合它们的惩罚呢？

四、报应论的失败

"惩罚的报应论在细节上是基于什么"这一问题并不重要：在任何情形下，它的证成完全是向后的，因为它所要报应的行为都发生在过去。因此，无论何种形式的惩罚，它都不能是为了实现或者促进任何未来的善或者目的：就其证成而言，惩罚绝不是向前的或是以结果为导向的。通过报应而实现的对正义的恢复，并不是作为经验性的结果而是作为惩罚必要的伴随表现而发挥作用。

因此，对于报应论而言，它一开始就排除了对犯罪者进行再社会化以实现特别预防目的以及对公众进行威慑以实现一般预防目的，两者不能成为惩罚的证成理由。不容忽视的是，这同样适用于社会上存在的某些报复或者复仇需求，特别是在犯罪的受害者身上。这些需求同样无法算作原本的报应论,因为对这些需求的满足同样在于未来——与犯罪者的再社会化并无不同。

为了使纯粹向后的报应论能够被正当化,必须存在一个先于人类的前实定法规范,其中规定了有关的报应。然而,以前所有试图证明前实定法的存在(即位于经验之外现实之中的自然法或理性法)的尝试都失败了(详见霍斯特 I,第 4 章和第 5 章)。此外,惩罚的报应概念与决定论的人类图像(现在持有这种观点的人并不罕见)是完全不相容的(详见本书第 103 页及以下)。

当然,报应性惩罚的观点深深扎根于基督教信仰的传统之中。因为这种属于信仰的、永恒的、彼世的地狱惩罚(参见本书第 20 页及以下)根本不能起到向前的预防作用,而只能是报应。在这方面,教皇庇护十二世(Papst Pius XII)在他对国家报应性惩罚的维护性论述中正确地指出,就"彼世的生活"而言,只有惩罚的报应功能才能够理解"造物主本身的最终审判,其'按照个人的作品予以报应',正如两部《圣经》经常重复论述的那样"(教皇庇护十二世,第 83 页)。但是,这一事实本身——与教皇庇护十二世的看法相反——还不足以成为国家报应性惩罚的正当化理由。

此外,也不能持这样的观点,即报应性惩罚在我们对法律和道德的整体理解中根深蒂固,乃至于任何对这种惩罚的进一步论证实际上都是多余的。不仅与报应论相竞争的各种预防论反对这种说法,以下这个经常被忽视的事实也不赞同这种说法:刑事惩罚的报应论明确要求,对任何一个违反某个正当的法秩序的行为都要加以惩罚。否则,这个理论就要给出一个标准来说明哪些违法行为是值得惩罚的,而它并没有这样做。仅举一例来说明:如果一个人不履行他所签订的购买合同或租赁合同所产生的支付义务,那么,他的行为——无论在何种情形下,按照德国法——就是违法的,但是他并不会因此而受到惩罚。为什么不会受到惩罚呢?在这种情形下,报应论的支持者无疑会要求惩罚。我们将会看到,这一点并不一定适用于惩罚预防论的支持者。

德国古典哲学家并非都是报应论的信徒(如康德和黑格尔)。这一事实很容易被我们的法律学者所忽视或掩盖。举例而言,亚瑟·叔本华(Arthur Schopenhauer)提出:刑法典是"犯罪行为的相反动机清单"——叔本华不仅提出了惩罚预防论（叔本华，第六册，第140页），还对其前辈的报应论展开了批评。他称康德的同态复仇原则是"完全没有根据的错误观点"。而很多可以回溯到黑格尔的"诸多法律学者"的学说（这些学说认为惩罚"中和并消除了"犯罪），对于叔本华而言，无异于"相当空洞的口头禅"（叔本华，第二册，第433页）。没有比这更好的方式来总结前文中对康德和黑格尔的批评了。

第三章

用于预防的惩罚？

如前所述（本书第 23 页及以下），惩罚预防论的特点是，它们试图完全从未来的角度（即在未来阻止与所犯罪行或多或少相似的犯罪）来正当化惩罚。因此，盗窃者应当受到惩罚，从而使他本人在今后不再盗窃，或者使一般公民在未来不再盗窃。第一种情形涉及的是特殊预防论，第二种情形涉及的则是一般预防论。

那些否定惩罚报应观念的人可能会认为，惩罚预防论乍看之下是很有道理的。他可能会进行如下论证：通过报应，即用惩罚性的恶害来回应已经发生的恶害，只会在世界上增加恶害的总量。然而，这种做法是毫无意义的。与之相反，通过预防，即阻止进一步发生的行为恶害，世界上的恶害总量减少了，而这当然不是毫无意义的。例如，我们应该以各种方式来教育孩子，使他们不会成为犯罪者。如果孩子因为在家庭中的某个错误行为而受到惩罚，那么，惩罚除了会让孩子和其他的兄弟姐妹在将来可以避免类似的错误行为，还能有什么其他的意义呢？如果这一说法是正确的，那么，为何对国家的惩罚而言，应该有所不同呢？

因此，在本章中更详细地研究最重要的惩罚预防论，是值得的。然而，我想在此简要地指明一些经常引起误解的基本要点。

第一，预防论并不认为，惩罚实际上能够在未来阻止所有相关类型的犯罪，这种看法明显是虚幻的。因此，预防论只是认为，惩罚会减少未来犯罪的总量。不过，这种看法，即相较于有刑事惩罚制度，没有刑事惩罚制度会导致更多的违法行为发生，肯定不是不恰当的。如果这一点是正确的，那么，惩罚似乎确实有助于改善世界。但必须探究的是，这一事实是否足以证成预防观念。难道不需要证明，对世界的改善（通过惩罚的预防作用）超出了对世界的恶化（通过惩罚本身）？还是说，这也许根本就不重要？

第二，当然，我们目前的刑事惩罚制度一方面具有某种一般性预防的作用：如果没有刑事惩罚制度，毫无疑问会存在更多的盗窃行为（与实际发生的盗窃行为相比）。但另一方面，我们的刑事惩罚制度是否也具有特殊预防的作用？它能否改善受惩罚的犯罪者本身，使其在未来减少犯罪？例如，如果一个小偷因犯罪而受到惩罚，他的偷窃次数是否少于不受惩罚情形下的偷窃次数？相

53 较于第一个基本要点,这似乎并不是理所当然的。然而,在这种关联下,我们必须考虑以下内容:即使我们目前的惩罚制度没有特殊预防效果或者没有显著的特殊预防效果,但这并不是反对特殊预防理论的充分理由。因为,发生这种情形的原因可能是我们目前的惩罚体系中惩罚恶害的特殊种类和应用。但这个体系是存在替代方案的,其在特殊预防方面相当有效。一般来说,最接近预防的证成目标的惩罚不一定与我们现行惩罚体系中的惩罚完全相同。

一、特殊预防

在德国,著名的犯罪学家弗朗茨·冯·李斯特(Franz von Liszt)是最常被提及的,他是最为突出的特殊预防刑罚论(即阻止犯罪者进一步实施犯罪)的代表人物。实际上,他的立场因其清晰性和不妥协性而尤为突出。李斯特自始就没有将惩罚报应论纳入考量。对他来说,惩罚的唯一目标,是"改善、震慑和使犯罪者无害化"(李斯特Ⅰ,第164页)。

李斯特对这三个惩罚目标作如下理解。他将"改善"（Besserung）理解为"植入和强化利他主义的、社会的动机"；他将"震慑"（Abschreckung）理解为"植入和强化利己主义的动机"；他将"使无害化"（Unschädlichmachung）理解为"从社会中驱逐或者拘禁于社会之中"（李斯特Ⅰ，第163页及以下）。因此，通过惩罚，犯罪者不仅仅强制性地丧失了实施犯罪的能力，无论是永久的还是暂时性的（我们的现行法仍然规定，如果满足特定的条件，在行为人服完刑之后仍可以基于此目的而对其施加特殊的"保安监禁"），而且，惩罚的目的也是要对犯罪者的动机产生决定性的影响：一方面，惩罚的目的在于强化他的同理心，从而使其在今后不会伤害其他人。另一方面，还应该让他明白，实施进一步的犯罪也会伤害到他自己。按照李斯特的见解，所有这三个目标都是服务于特殊预防这一唯一目的，即尽最大可能地阻止犯罪者进一步实施犯罪。

同时，李斯特非常清楚其特殊预防的惩罚论所必然产生的结果：因为惩罚完全是向前的，所以它的种类和严重程度绝不会取决于所犯罪行的种类和严重程度。毋宁说，它完全取决于"行为人反社会意念"（该意念会诱使其在将来犯下新的罪行）的程度（李斯特Ⅱ，第383页）。对于国家及其惩罚机构而言，关键问题是，哪种惩罚更适合使犯罪者在态度上再社会化（通过上述的三种方式），从而使他重新成为一个与社会相容的人。简而言之，惩罚不是以已经发生的犯罪行为为导向，而是以行为人的人格为导向。"惩罚的任务"无非是"对行为人施加与其个性相吻合的影响"，目的则是防止他今后再犯罪（李斯特Ⅲ，第21页）。这主要取决于"证明并无异议地确定犯罪者内部的生物区别，这种区别可以作为确定惩罚种类和程度的根基"（李斯特Ⅱ，第170页）。

更确切地说，如何确定惩罚的种类和程度呢？在此，李斯特理所当然地提出了这个见解，即对犯罪者进行判决的刑事法官在其与罪犯接触的短暂时间内根本就无法对该犯罪者作出"最终的、关于其真实意念（该意念为惩罚提供了标准）的判断"，毋宁说，这种判断只能由主管机关在刑事执行的过程中作出（李斯特Ⅱ，第91页）。换句话说，惩罚的种类和程度完全是以专家在详细观察的基础上作出的、关于行为人未来行为的预估为导向的。

然而,在这一背景下,李斯特并没有忽视这件事情:除了通过惩罚可以再社会化的"正常"犯罪者,还有两种极端类型的犯罪者。一种是所谓的时机犯或机会犯(Augenblicks- oder Gelegenheitsverbrecher),其预估(结果)是积极的,甚至没有改善的需求,因此也就不用加以惩罚。另一种则是所谓的习惯犯或状态犯(Gewohnheits- oder Zustandsverbrecher),其完全没有改善的能力,因此必须被终身监禁(李斯特Ⅱ,第191页;李斯特Ⅰ,第168页及以下)。对于李斯特来说,惩罚并不取决于已经实施的或预测未来会发生的罪行的严重程度。

在这一切之中,李斯特只有一点是不一贯的:根据通常的惩罚实践,李斯特将其特殊预防改革与已实施犯罪这一前提条件关联起来(李斯特Ⅱ,第58页及以下)。否则,我们实际上就不会涉及"惩罚"(参见本书第11页和第23页)。但这实际上并不妨碍李斯特从他的立场出发,认为对潜在犯罪行为施加典型的刑罚恶害是正当的,只要专家对他们未来的行为作出了消极的预估。

现在如何看待这种特殊预防的、可能基于再社会化的惩罚证成理论呢？人们不需要多想就能认识到，这一理论及其后果与我们目前的惩罚体系是极其矛盾的。举例而言，这一方面将会导致一个纳粹谋杀犯（作为一个机会犯）在战争结束后过着与社会完全相适应的生活而不应受到惩罚；另一方面，一个不可救药的、具有扒窃倾向的习惯犯将不得不永远被关在监狱里。立足于德国的传统刑法，这两者都是不可接受的。但仅仅诉诸德国的社会习惯和法律传统，并不足以否定李斯特的挑衅性理论。如果我们觉得这个理论是不可接受的，那么，我们也必须准备好反对它的论据。

当然，如果人们对惩罚的报应观念确信不疑，那么，人们自然就必须拒绝李斯特的特殊预防论。因为纯粹向后的报应观念和旨在预防未来犯罪行为的惩罚是完全不相容的。不过，前文中已经整体性地批评了惩罚报应论。个别读者可能会说，李斯特的理论及其上述的后果是不公正的。但是，这一理由还不足以拒绝该理论。因为某些东西只有在与其他东西相比较时才可能是公正或不公正的。举例而言，与所犯的罪行相比，或者与对另一项罪行或另一个犯罪行为人的惩罚相比，一项惩罚在原则上才可能是不公正的。但是,在判断惩罚是否公正时,它到底应该取决于哪一种比较——与什么相比较?

只有事先确定了特定的惩罚证成理论之后,我们才能回答这个问题。李斯特明确地声称,根据他的理论,所犯罪行的严重程度和其他犯罪者的类似罪行一样几乎没有起到作用:如果两个人共同实施了同样一个盗窃行为,在某些情况下,其中一个人可能不会受到惩罚,而另一个人可能会被关在监狱里十年。这种对两个小偷的不同处理方式事实上可能是相当公正的——如果人们的出发点是李斯特的惩罚预防论。因为公正惩罚的标准永远不是所犯的罪行,而始终只能是行为人或者对其未来的预估。举例而言,如果窃贼 A 和谋杀犯 B 受到不同的惩罚(尽管两人经过五年的监禁后就能达到同样程度的再社会化),则这种做法肯定是不公正的。

对李斯特的理论提出以下反对意见,可能是更有成功希望的。正如我们已经看到的那样,一方面,根据这一理论,与我们目前的惩罚体系相比,有些行为人毫无疑问会受到更好的对待(甚至可能不会受到惩罚);另一方面,有些行为人相应地会受到更糟的对待(甚至可能被终身监禁）。现在，人们也许可以说，只要拒绝了报应刑，原则上就没有什么理由可以反对让第一组行为人得到相对较好的对待。因为一个不为任何人服务因而毫无用处的惩罚有什么意义呢？但就第二组行为人所得到的相对较差的对待而言，事情看上去则是有所不同的。在此，以下的论点明确反对这种做法。

正如前文已经强调的那样（本书第22页），至少从表面上来看，强制性的惩罚施加对受罚者的人权构成了严重的干预。这就是说：当李斯特赞同这样一种惩罚恶害，即该恶害在种类和严重程度上取决于行为人在未来的危险时，他同样具有论证义务。人们必须考虑到：按照李斯特所提出的标准，这一做法确实可以通过加强安全从而使整个社会大大受益。但这种做法同时也侵害了相关个人的基本利益和权利。因为通过对其未来发展的消极预估，这个人不仅被剥夺了自愿遵守法律的任何意愿，而且他在很大程度上也会因为惩罚而无法按自己的规划过上自由自主的生活。如果这种效果能够仅仅以其对整个社会有利作为理由，则无异于取消了这个人的基本权利或人权。因为，果真如此的话，为了娱乐数百万的观众，人们也可以强迫一个人将他的生命置于危险之中，例如，将其置于《想挑战吗?》*这一节目之中。

笔者认为，针对李斯特的特殊预防论所提出的这种反对意见是无法令人信服的，尽管它在刑法学者之间可能是明显的、普遍的。然而，在我试图论证它之前，我想要简单地说明在评价任何一种特殊预防或再社会化观念时容易产生误解的一点。

相较于李斯特，那些信奉这一概念的犯罪学家在更大程度上将服务于再社会化的行为人处遇而非惩罚（如监禁刑）置于其考虑和法律政策要求的中心，这一现象并不罕见。然而，在这样做的时候，他们通常掩盖了这样一个事实，即原则上存在两种处遇的可能性：或者是将处遇强加给行为人，或者处遇只是一种给他的建议，他可以接受或者拒绝。在第一种情形中，由于强制本身

---

* 《想挑战吗?》（Wetten, dass ...?）是自1981年开始播出的德语电视综艺节目，是欧洲此类节目中最成功的一个，受到德国、瑞士、奥地利等国观众的喜爱。节目创立者艾尔斯特纳称，该节目最早是由他在深夜用两个小时构思出来的。最初的想法是，挑战者提出自己具备某种绝技，让受邀参与节目的名人作出判断，名人则就挑战者能否挑战成功下赌注，使节目噱头不断。——译者注

显然也是一种恶害,我们当然也是在处理一种惩罚,它和监禁刑一样原则上需要正当化。长期的强制性处遇和长期的监禁一样都不是不证自明的。然而,在这种情形下,对处遇的法律政策要求无非是要彻底废除国家的惩罚。无论如何,只要这种方式(作为对犯罪的唯一反应)是要完全地取代之前的惩罚,则它就是如此(即废除国家的惩罚)。持这种观点的人拒绝任何方式的刑事惩罚。

现在,为何我认为上述反对(对社会有用的)特殊预防的论点是不成立的?人们可以思考以下情形:假设A要抢劫银行或凌虐儿童,如果无法通过其他的手段来阻止A的犯罪行为,我可以向A开枪,从而通过这种方式伤害A,在必要的情形下甚至可以杀死A。这种行为方式——作为所谓的紧急救助(Nothilfe)——不仅完全符合德国现行刑法,而且它在伦理上也是有根据的,因为A对他人的基本权利实施了违法的攻击——只有通过对他使用暴力,才能够成功地击退这种攻击。原则上,这种暴力使用行为是合法的,即便它造成的损害(如攻击者的死亡)大于防卫人所面临的损害。

现在让我们将这种情形和以下的情形作一比较:通

过预防性惩罚（如强制安置在疗养院），人们防止B今后——无论是再次还是首次——犯下此种或彼种罪行。原则上，两者并无差异：即便是在这种情形下，对B使用暴力实际上并不是为了整个社会的某种不确定利益，而是为了保护那些具体个人的基本权利，否则他们将会成为B未来罪行的受害者。"人们目前还无法说出这些受害者的名字"并不会对此产生影响。在我上述的例子中，如果我要阻止A的犯罪行为，通常情况下我也不知道这场犯罪的具体受害者。

那么，在这一切之后，对李斯特的特殊预防论是否就不存在有效的反对意见呢？与之相反，如果我们在任何情形下都要坚持所引用的紧急救助规则，我们是否被迫要认可它呢？我绝对不是这种观点，而是认为李斯特的理论没有被理性地论证，论据如下：

在我的例子中，只有当我确信A在没有我的干预下将会成功地实施犯罪时，我才可以对A进行干预，而我只有在A已经开始实施犯罪时才能有这种确信。如果我只是怀疑或者认为有可能发生犯罪，例如，我看到A乔装打扮进入银行或者带着孩子消失在灌木丛后面，这根本就不足以构成一个正当化的紧急救助。但如果这是正确的，就会出现如下问题：为什么我们可以肯定，如果一个罪犯不受惩罚，他在将来还会再犯罪？以及我们为什么可以肯定地说，行为人到底需要何种惩罚和处分，才能使其将来不会再犯罪？

我不否认可能存在一些患有精神病或者意识形态上有妄想的行为人，真正的专家能够以接近于确定的盖然性来回答这些问题。对于这些行为人，我们目前的刑法已经大致正确地规定了特定的"保安处分"。然而，冷静地想一想，认为可以对每个杀人犯、强制性交犯、小偷、放火犯等的未来行为，以及特定惩罚或处分对这些行为所产生的影响作出可靠甚至确定的预测，似乎是一种相当荒谬的看法。

如上文所引用的那样（本书第54页及以下），李斯特要求"在犯罪者内部确定必要的生物性区别"，从而通过这种方式来可靠地确定惩罚的"种类和程度"，是一种怪诞的要求。这种要求甚至在某些方面似乎与李斯特自己的理论相矛盾。因为如果像李斯特所设想的那样，尽管存在"生物性"因素，但行为人还是可以受到惩罚这一"社会"工具的决定性影响。有一些证据表明,无论如何,行为人也是因为各种过往的、来自他们的环境的"社会"影响而决定实施犯罪行为,亦即生物性因素并不是影响他们的唯一因素。就此而论,仅仅"确定"犯罪者内部的"生物性区别"或许不足以确保社会在未来的安全。

我重申:原则上,预防性地"惩罚"犯罪者(实际上是任意一个人)是没有问题的——只要人们可以确定这是阻止该人犯罪的唯一方法。确切地说,这在某种意义上发生于正当防卫或紧急救助的情形中,任何一名公民在受到违法攻击的情形下都可以使用正当防卫或紧急救助。然而,从现实的角度来看,只要犯罪实际上还没有正在进行,如正当防卫的情形,那么,也许除少数类型的犯罪者之外,上述的前提条件就是一种纯粹的幻觉。我知道正在闯入我家的行为人V的具体犯罪行为,但无论是我还是其他人都无法知道V在今后被期待或不被期待实施的犯罪行为,即便人们发现了V的一封信,V在信中告诉某人他未来的犯罪计划,也是如此。因为这最多只能说"在未来实施犯罪行为"这一假设是有高度盖然性的。但单纯的犯罪（即将发生）盖然性并无法正当化暴力惩罚。否则，举例来说，我将被允许射杀我的邻居 X，只因为他向我的邻居 Y 说过，他想马上闯入我的房子里。

如果这些说法都是确凿无误的，那么就必须认为，根据特殊预防论对人们所施加的为数不少的惩罚，事实上并没有这些据称能够使惩罚正当化的效果。也就是说，所谓的惩罚正当化理由完全是悬而未决的。并且，几乎不需要进一步的论证就能说明，这一理论在法律政策上的要求（从这个角度来看）只能被视为对相关公民的人权的灾难性侵犯。

就此而论，以下的澄清内容仍然具有重要意义。我关于（确定的）犯罪预估的虚妄特征的断言，完全不取决于"所谓的决定论是否与人类的行为相关联"这一问题。因为如果决定论是不正确的，那么，仅仅出于原则上的原因，确实不可能存在上述那种确定的预估。但如果决定论是正确的，也不会改变这样一个事实，即由于其他的原因——例如，由于决定人类行为的诸多原因并不为我们所知——所希望的预估也是不可能的。

我们真正可能的、或多或少可靠的预估（内容）并不会因为我们宣称决定论而自动地变得更好或更多。大量的犯罪学家认为，通过将特殊预防论与决定论的人类图像关联起来，他们关于特殊预防论的主张会因此具有说服力，这是一个错误的看法。顺带一提，我们将不得不在本书第四章中讨论决定论的问题，这个问题与罪责（作为惩罚的前提）问题相关。

综上所述，可以确定的是，特殊预防（即防止被定罪的行为人进一步实施犯罪行为）不能成为国家施加惩罚恶害的决定性理由。不过，这一发现并不排除这一可能性，即特殊预防（对行为人的再社会化）在刑事惩罚（以其他的方式证成）的执行过程中可能发挥着重要的作用（详见本书第97页）。

二、功利主义的一般预防

如前所述，一般预防论认为，刑事惩罚的正当性在于，全体公民无论如何都会因为惩罚而不敢实施犯罪（在没有惩罚的情形下，他们会实施这些犯罪）。因此，类似于特殊预防论,惩罚恶害在此同样是通过实现一种善,即通过阻止未来的犯罪而被正当化。

人们如何构思惩罚的预防效果呢?根据该理论(即"消极"一般预防论)的传统版本,预防效果是通过以下方式实现的,即公民担心如果他实施某个与惩罚威慑相关联的行为,他之后就会受到惩罚,从而公民被阻止或者威慑而未实施有关的犯罪。根据这一传统版本(至今仍有追随者,而且乍看之下也不是不合理的),该理论是一种纯粹的惩罚威慑论。

有别于"积极"一般预防论,这一理论的目的——在这一方面与特殊预防论的目标之一(参见本书第53页及以下)相类似——是公民的社会化和法忠诚。这一目标的实现或促进是借助于以下方式,即国家通过颁布和贯彻其刑法来告知其公民的法律义务,从而强化其公民的法律意识。

为了反驳这一理论,可以简要地说明以下内容。很有可能的是,一个国家的现行刑法确实有助于实现一般预防的目的,只要它向公民明确说明他们应该如何行事,从而在个别公民之间——与任何一种威慑无关——促进这一行为(关于法忠诚作为合法行为的动机,参见本书第43页)。

但为何这一事实能够证成由法规范所施加的惩罚恶害呢?如果没有惩罚威慑,相关的法规范就不能同样达到目的吗?任何为了自身的意志而遵守法律的人,他们遵守法律恰恰是独立于任何一种惩罚的。与某个规范相关联的惩罚威慑——如果不是通过威慑的方式——还可以通过什么手段来真实地实现所预期的预防目的呢?应当予以补充的一点是,那些在刑法上被禁止的行为,有很大一部分在民法上已经被禁止和制裁,因为它们造成了损害。那么,如果惩罚不是为了起到威慑作用,它又是出于何种目的而被施加的呢?

在下文中,我们会聚焦于威慑理论,即"消极的"一般预防的惩罚理论。在德国法学界,安塞尔姆·冯·费尔巴哈(Anselm von Feuerbach)作为这一理论的代表人物而最常被提及。事实上,费尔巴哈以一种特别清晰且引人瞩目的形式提出了这一理论。他写道:"所有的违法行为都有其在感官性上的心理根源,只要人的欲求能力通过行为中的愉悦或者源自行为的愉悦而被驱使实施这些行为。可以通过以下方式来消除这一感官上的冲动，即每个人都知道他的行为将不可避免地伴随一种恶害，这种恶害相较于因未满足行为冲动而产生的不悦更大"（费尔巴哈，§13）。解释一下：通过"行为中的愉悦"，人们会被驱使去做那些他们自己渴望实施的行为（如虐待儿童）；通过"源自行为的愉悦"，人们会被驱使去做那些他们渴望行为后果的行为（如抢劫银行）。

在此，费尔巴哈并没有错误地将任何一个合乎规范的公民行为都归结为惩罚的威慑作用。如上所述（本书第42页及以下），除了这种效应，还存在其他原因能够导致人们实施合乎规范的行为：行为人放弃可能的犯罪行为，除了对惩罚的恐惧，还可能是因为欠缺（行为）倾向、出于道德意念或出于法忠诚的态度。这是无法加以排除的，即在某些情形下，前述四个原因中的任何一个均不足以产生合乎法律的行为，毋宁说，此种行为只能通过这四个原因中的若干个原因的共同作用而产生。

那么，根据惩罚的威慑理论，究竟是什么阻止了一些潜在的犯罪者不去实施可能的犯罪行为呢？该理论经常被其反对者误解，他们认为此处应当具有威慑作用的

"惩罚",就像在特殊预防的情形下一样,是在特定情形下对犯罪者施加的具体惩罚。然而,这种惩罚,即个案中的惩罚施加和执行,不可能对公众产生任何重大的预防作用,因为在通常情形下公众甚至不知道这种惩罚。谁会去关注对一个普通小偷的惩罚——除了小偷本人及其周遭的人?

费尔巴哈并没有出现这种误解。他指出:"法律中惩罚威慑的目的是吓阻所有的权利侵害行为……施加惩罚的目的是确立法律威慑的有效性,因为如果没有它,威慑将是空的(无效的)。既然法律是为了吓阻所有的公民,而执行是为了使法律生效,那么,施加(惩罚)的间接目的(最终目的)也同样只是法律对公民的吓阻"(费尔巴哈,§16)。

因此,费尔巴哈对惩罚恶害的威慑和施加/执行作出明确的区分:惩罚威慑才是直接吓阻(犯罪)的。不过,如果惩罚施加没有发生在惩罚威慑之后,惩罚威吓就不能起到吓阻作用,所以,惩罚施加也间接地服务于吓阻犯罪目的。因此,根据这一理论,惩罚施加并非旨在报应。

然而，如果仔细观察的话，对于吓阻的这种解释也是不完全准确的。因为原本的"惩罚威慑"，即立法者的惩罚威慑，本身并不能起到威慑作用。众所周知，这种惩罚威慑被规定在各国的刑法典之中，而普通公民甚至不知道这种威慑。因此，关于一般预防吓阻作用的以下论述更为正确：最终产生预防的（事物）是综合意义上的刑事惩罚，即作为一种社会制度或实践的刑事惩罚。据此，公民对于惩罚的认知，对于预防目的而言是必不可少的，它包括了以下认知，即被国家证明犯了某罪（如盗窃罪）之人通常情形下必须考虑典型的惩罚恶害的强制性施加和执行。事实上，几乎每一个青少年和成年公民都具备这种认知——无论（这种认知的）来源为何。

说了这么多，这种关于惩罚之吓阻功能的论调，能令人信服吗？其第一个前提是，正如所宣称的那样，可能的吓阻作用是确实存在的。它的第二个前提（这一点不容人们忽视）是，吓阻作用本身也足以在伦理上正当化惩罚恶害。"后者是正确的"绝不是一种不言而喻的看法。尽管阻止犯罪毫无疑问是一种利益，但并不是每一种恶害都可以被一种利益（由恶害引发）抵销。

惩罚的吓阻作用是否真实存在？人们当然不能否认这一点，即国家的刑事惩罚通常具有一定的吓阻作用。但是，这种作用有多大呢？对于那些在没有惩罚制度的情形下会成为现实的特定犯罪来说，有多大比例的犯罪实施会被惩罚的吓阻作用所阻止呢？为了明确地回答这个问题，我们必须在一个特定的社会中暂停一段时间对相关罪行的惩罚，从而我们才能够进行比较。此外，我们还必须有充分的理由相信所选择的两个时期是相似的，至少在其他相关方面是这样。因为撇开惩罚的效果不论，在经济危机时期发生的盗窃案也许会比在经济上升时期发生的盗窃案更多。

然而，明显不会有任何一个国家准备进行上述测试，这一事实本身就已经表明了，那些负责的人是多么担心其对社会的法律安全性所造成的后果，也就是说，他们事实上非常信服惩罚的吓阻作用。然而，关于吓阻作用的程度，人们就只能猜测。尽管如此，人们还是可以在这些猜测中使用自己的日常知识。例如，我倾向认为，无论如何，就惩罚吓阻作用的程度而言，必须对不同的犯罪行为进行区分。

举例而言，在盗窃案和在强制性交案中，与罪行相适应的惩罚是不可能产生相同的吓阻作用的。究其原因在于，按百分比来计算的话，不实施强制性交行为的公民比不实施盗窃行为的公民要多得多，因为他们没有强制性交的倾向，或者因为他们认为任何一种强制性交行为在道德上都是极其可恶的（参见本书第42页）。在这种情况下，人们甚至可以提出这种看法，即想要实施强制性交行为的人本身并不会因为受到惩罚威慑而被阻止，而那些事实上不想要实施强制性交行为的人在没有惩罚威慑的情形下也不会实施强制性交行为。

然而，这一假设很可能被夸大了，因为可能有相当多的人在免受惩罚的情形下，宁愿选择强制性交也不愿意去妓院消费。不过，值得斟酌的一点是，在上述假设下，吓阻理论的支持者必须一贯地赞同强制性交行为的不可罚性。因为一个对吓阻具有抵抗力的行为，它的实施不会受到任何种类或严重程度的惩罚的影响，根据预防论，它当然不会受到惩罚。

不过，即便在诸如强制性交这样的特定犯罪案件中，惩罚的预防作用也是存在的，只是作用很小，但是，对于此种犯罪行为的惩罚却也不能因此而不假思索地正当化。在这种情形下，我们现在无论如何都必须处理的问题就显得特别紧迫：为何惩罚的预防作用（即通过惩罚所产生的好处）实际上可以超出那些不可避免的、根据定义与惩罚相关联的恶害，并通过这种方式来使惩罚正当化？

费尔巴哈似乎认为，对于这个问题的满意答案是理所当然的。然而，这一答案绝非不言而喻，以下这个简单的例子说明了这一点：如果醉酒驾驶就会被判处终身监禁——只要这种惩罚具有最佳的预防效果——是否真的可以被认为是正当的？或许并不能够；因此，预防未来的犯罪显然不能成为正当化每一种可能的惩罚的充分理由。无论如何，"不计代价地预防"（Prävention um jeden Preis）似乎都不是一个在道德上站得住脚的原则！

除预防目标——作为惩罚的其他理由——之外，与各自的罪行相适应的、某种特定的报应目标也许是不可放弃的？显然，这个目标至少可以排除有问题的结果以及上述所提及的内容。那么，一个令人信服的惩罚理论必须结合预防和报应这两个目标吗？但这样的组合可能是什么样子的呢，因为这两个目标似乎相互矛盾？

下一章会更详细地探讨这些问题，在此之前，我想在这里介绍和讨论英国的启蒙哲学家杰里米·边沁（Jeremy Bentham）所提出的一个关于预防理论的特殊版本。这个版本的特别之处在于，边沁并没有将一般预防的证成功能视作理所当然的，而是将他的一般预防惩罚论作为他普遍主张的伦理功利主义的一种应用情形来加以呈现。

这种功利主义将整个伦理学建立在一个单一的终极原则上，即要求实现"最大多数人的最大幸福"（边沁，第3页）。根据边沁的观点，所有被视作正当的道德规范和法律规范都可以从这个单一的要求中推导出来——借助各个相关的经验事实。对于国家的惩罚而言，这意味着它的唯一任务也是"增加社会的幸福总量"。由此可见，"只有当惩罚有望防止更大的恶害时，它才是被容许的"，因为惩罚本身就是一种恶害（边沁，第281页）。

如此看来，当且仅当惩罚能够产生的好处大于与之相关联的恶害，亦即惩罚所防止的损害大于它所造成的损害（在痛苦的意义上），它才可以被正当化。在此，惩罚所造成的损害包括受惩罚者所遭受的痛苦（我称之为"惩罚损害"），而惩罚所防止的损害包括在没有惩罚制度的情形下行为人进一步实施犯罪行为所导致的损害（我称之为"犯罪损害"）。

由此可见，边沁所提出的理论是一种基于功利主义的一般预防惩罚论。这意味着：只有在功利主义被正当化的情形下，边沁的一般预防惩罚论才能被视作正当的。但是，只要边沁的功利主义的惩罚理论被证成，它就会产生以下特别深远的后果。

第一，任何具有预防作用的惩罚都是可以被证成的，只要它所阻止的犯罪损害大于它所造成的惩罚损害，且（除惩罚之外）别无其他方法。所谓的"别无其他方法"是指以下内容：对于功利主义而言，它所涉及的是所有受（行为或实践）影响的人最大的整体幸福，因此，并不是说只要恶害 X 创设了更多的益处，这些益处可以抵销掉恶害 X，任何一种恶害 X 就可以被正当化。如果较低的恶害 Y 和恶害 X 一样具有相同的积极效果，那么 Y 反而比 X 更为可取。甚至，如果存在一种与恶害 X 一样具有相同的积极作用的益处,那么,这种益处当然值得被优先考量。

这意味着:如果国家能够通过有声望的模范人物(如教皇或托马斯·戈特沙尔克*)向所有公民发出月度信函,劝告他们遵守法律,从而达到同样积极的效果(同惩罚的效果相比),那么,即便这种惩罚实践总体而言具有积极的作用,也无法被正当化。就此而论,即便是积极的惩罚实践在某些情形下也可能被证明是不正当的。然而,由于上述或类似的国家惩罚替代方案目前几乎无法得到证明,笔者在下文中将忽视"别无其他方法"这一条件。

第二,即便是具有预防作用的惩罚,也只有在它所阻止的犯罪损害大于它所造成的惩罚损害时,才能得以证成。也就是说:如果预防作用事实上阻止的犯罪损害没有大于受惩罚者所遭受的恶害,这一带有积极预防作用的惩罚本身并不会被证成。

从以上可以导出:第一种和第二种结果中同样提到

---

* 托马斯·戈特沙尔克(Thomas Gottschalk)是德国广播电视节目主持人和演艺人员,他以主持《想挑战吗?》多年而闻名。——译者注

的条件——犯罪损害大于惩罚损害——对于立足于功利主义的惩罚而言,既是一个充分条件,也是一个必要条件。这一事实对(立足于功利主义的)惩罚的问题产生了何种后果,下文中将予以说明。

首先,关于"像这样的功利主义是否已经被证成?"这个问题长期以来一直存在相当大的争议。我在其他地方详细地论证过,它应当得到一个否定的答案(霍斯特 I,第七章)。反对功利主义主要有以下论点:由于不存在任何一个客观的、先于人类的、可认知的道德(参见本书第48页),功利主义原则同样也不可能是先于人类的、可认知的原则。对于我们的认知而言,我们没有办法接受这些规范,根据这些规范,我们有义务在我们的行动中始终产生"最大多数人的最大幸福"。国家同样也没有处于这种可认知的义务之中。

尽管如此,功利主义在某些情形下还是可以被视作某种意义上的最高道德原则。如果能够证明功利主义以此种方式涵盖了那些几乎每个人都理所当然接受的、具有拘束力的道德规范,即它是诸多道德规范的共同根基,那么情况就会是这样。在这一条件之下,功利主义的基本原则事实上旨在为这些道德问题（这些问题没有落入那些被普遍接受为不言而喻的道德规范）寻找一个可接受的方案。功利主义或许可以在这个意义上得到证成——其结果是，就功利主义而言，它可以证成一般预防的惩罚理论？

这个问题的答案显然是否定的。为了说明这一点，我们甚至不需要审查各种被接受的、具有拘束力的道德规范与功利主义基本原则之间的兼容性。因为恰恰是在我们的刑事实践（其道德核心是毫无争议的）中，它在基本方面无法与这一基本原则相协调。这意味着：功利主义没有充分的基础来证成一般预防惩罚理论。而且，功利主义——被理解为重要的、普遍接受的道德规范的基本原则——几乎被国家惩罚的某些道德条件所驳倒，这些条件被认为是不可或缺的。

"这些道德条件和功利主义之间存在明显的矛盾"这一论断需要进一步论证。因此，下文将表明，我们刑事实践中被普遍接受的道德和上述所提及的功利主义的两个后果（本书第72页以下）是不相容的。

让我们从第一种后果开始，即只要惩罚所阻止的犯罪损害大于惩罚所造成的惩罚损害，那么，任何一种具有预防作用的惩罚都是合理的。问题随之而来：这是否会导致这样一种情形，即不仅有罪的罪犯可能会受到惩罚，那些根本没有实施犯罪的人或只是以无罪责的方式参与犯罪的人也可能受到惩罚？

当然，并不是任何一种人们可能会自发想到的惩罚都能在功利主义方面得到合理的解释。例如，法官恣意地判处一个无辜者有罪，当然就不能用这种方式来证明其合理性。因为一个被正确理解的功利主义（立场）也会承认，法官受到所适用的法律的拘束，以及一个法律规范要在其整体效果上——而非单独对该规范的每一次应用——进行功利主义方面的论证。不过，立法者在这方面是否应当规定，即便是无罪责的行为人也可以因这种犯罪行为而被判刑，因为惩罚的预防效果会由此而明显增加？我想到的情形诸如，行为人无罪责地引起交通事故，而这些事故是天气原因直接造成的。人们当然会很容易地想到，这样的规则会驱使一些潜在的肇事者回避这种可能使他们成为犯罪者（无论有无罪责）的情况或情境。无论行为人在实施犯罪行为时是否有罪责，犯罪损害（功利主义者关注犯罪损害的减少）都是一样的。

是的，在某些情况下，即使是对行为人之外的其他人施加惩罚，功利主义式的论证似乎也是可能的。人们可以设想出以下规定：在严重犯罪的情形下，除犯罪者之外，他们的子女和父母也会受到惩罚，亦即他们会被"株连"。很多方面表明了这种规定的预防作用是相当大的，施加在行为人子女和父母身上的惩罚损害甚至会超过行为人所遭受的惩罚损害。然而，人们必须考虑到，即便是功利主义者，他们无论如何也会反对这种规定，它可能导致人们对其最亲近的人所犯的罪行产生持续性的恐惧。

简而言之，在一些情形中，对无辜者的惩罚可以在功利主义方面得到合理说明。不过，不需要进一步加以解释的一点是，这种对无辜者的惩罚完全不符合我们相应的道德观念。因此，不能以其他方式将功利主义（其并未先于我们的道德而被给定）纳入考量来证成一种纯粹的吓阻刑。按照功利主义的论点，"惩罚损害小于所阻止的犯罪损害"在任何情形下都是正当惩罚的充分条件，这种论点是不能成立的。

上述提及的功利主义的第二个结论（本书第73页），即"惩罚损害小于所阻止的犯罪损害"是正当惩罚的必要条件，也非常值得怀疑。因为这意味着惩罚所造成的痛苦（对罪犯而言）在任何情形下都不能超出惩罚所防止的痛苦（对潜在的被害人而言）。但是，根据我们通常对惩罚的道德理解，潜在被害人的痛苦在规范上不应重于行为人的痛苦，因为潜在被害人遵守了法律，而行为人则有责地违反了法律。

在惩罚强制性交情形中（参见本书第69页及以下），人们可以考虑以下这个虽然虚构但并非完全不可能的损害关系：在某一段较长的时期内，德国发生1000起强制性交案，每起强制性交案的行为人都被判处了3年有期徒刑（《德国刑法典》第177条规定，对于强制性交行为，应判处"两年以上"有期徒刑）。如果强制性交行为在德国不受惩罚，那么，这一段时期内在德国发生的强制性交案就不是1000起，而是2000起，即强制性交案的两倍；因此，惩罚所阻止的犯罪损害相当于1000起被阻止的强制性交案。

在这种情形下，惩罚所阻止的犯罪损害实际上是否大于惩罚所造成的惩罚损害呢？对 1000 名犯罪者总共监禁 3000 年，不比另外 1000 名强制性交受害者所遭受的损害更为严重吗（强制性交不可罚的情形下）？因此，总的来说，3 年的监禁或者——如果没有正当理由的——自由剥夺，是否不会比强制性交更为糟糕？当然，这一点很难明确地加以确定，因为每个案件中所造成的损害或痛苦有着非常不同的形式。

不过，让我们稍作假设，即普通公民事实上果真认为 3 年的自由剥夺比强制性交更为严重。那么，这就意味着，惩罚强制性交所造成的实际损害总量将会超出惩罚所阻止的惩罚损害总量。诚如前述，此处的前提条件是，同一时期实际发生了 1000 起强制性交案以及通过惩罚阻止了 1000 起强制性交案。即使是在现实中强制性交不受惩罚的情形下，犯罪数量在总体上不太可能是强制性交受惩罚情形下的两倍。就盗窃等犯罪而言，惩罚的预防效果可能要大得多。

从以上可以得出：在假设的前提条件下，对强制性交的惩罚不能基于功利主义的立场而得到合理的说明，因为这种惩罚的预防效果虽然存在，但相较于惩罚所造成的惩罚损害而言，它实在微不足道。即便如此，在上述前提条件下，几乎没有人会认为这种惩罚是不正当的。根据普遍的道德观点，惩罚并非服务于普遍的利益最大化（在此种情形下，每个公民的幸福或者不幸福都是同等重要的）。毋宁说，被害人遭受的犯罪痛苦和行为人所遭受的惩罚痛苦绝不会具有同等的分量。

为了拒绝功利主义式的惩罚论证，人们不需要成为报应理论的追随者。相反，人们可以将一般预防——没有针对效用最大化提出任何一种要求——视作合理惩罚的必要条件。此外，正如上文所解释的那样，人们可以让每一个合理的惩罚取决于这个条件，即惩罚所针对的违法行为是面临惩罚的人有罪责地实施的。从这个角度来看，被惩罚者有罪责的违法行为以及惩罚的一般预防作用均是正当惩罚的必要理由。有很多的理由赞同将这两个条件一并视作正当惩罚的充分条件。

不过，到目前为止，本书还没有充分地论证这些关于正当惩罚的必要条件和充分条件的假设。因为我迄今只是试图证明，这些假设无论如何——与功利主义的结论不同——与我们对惩罚的道德理解的核心是相一致的。

在目前所探讨的报应理论和预防理论失败之后,这些假设——我将其简称为"我们的刑事实践"——是否以及为何可以基于基本的伦理学立场而被认为是正当且合理的,就是下一章节的主题。

第四章 基于公民利益的惩罚

原则上，可以构想出两种方式来论证道德规范或者道德要求。第一种论证方式在于，指明那些先于我们人类而被事先给定的、能够被我们认识的道德规范。第二种论证方式则拒绝这种观点。这种观点认为，所有的道德规范都不过是人类的构造或者创造。不过，与之相关联的主张是，如果这些创造适合于为几乎每一个人的基本利益服务，那么，总是可以认为它们已经在主体间得到了证成。

我并不认为第一种论证方式是成功的（参见我早期出版物中的论证）——在处理报应理论和功利主义时就已经解释过了（参见本书第 48 页和第 73 页）。在此应当注意的一点是，反对这种论证方式的决定性论据是一种根本性的论据，因此，它从一开始就被排除在"我们的刑事实践"的论证之外。我想要简单说明第二种论证方式［我在早先的出版物中曾为它作了详细的辩解（参见霍斯特 I，第 8 章—第 10 章）］。基本原则很简单：存在一些道德规范，如果这些道德规范被适用，总体而言，所有的公民都会从中获益。这意味着适用这些规范显然是利大于弊的。

就杀人禁令（这在所有道德规范中是最重要的）而言，人们很容易理解这一点。这一道德规范（连同具有相同措辞的法律规范）的有效性给每个公民提供了一定程度的生活安全性，其利益远远超出了适用该规范所产生的弊处（例如，不允许随意地杀害竞争对手）。任何一个稍有理性的人都能轻易地看到并理解这一点。其他一些现行的规范也是完全如此——诸如禁止伤害身体、剥夺自由、盗窃和毁损财物。

对于这些道德规范和法律规范以及类似规范而言，起决定性作用的是：必须如此设计或者制定规范以及相关的禁令，即总体而言，生活在社会（规范在社会中发生效力）中的任何一个人，事实上因为规范的适用而获得利益，且利益明显大于弊处。

如果前述的说法是正确的，那么，对于惩罚的证成而言，决定性的问题仅仅是：是否存在一种能够真正地满足上述要求的惩罚，即总体上能够满足每个正常公民的利益的惩罚？以此种方式被证成的惩罚在细节上必须要满足哪一些要求？这种惩罚是否容易与"我们的刑事实践"完全或在很大程度上相吻合？

一、对报应的需求

正如我已经在其他地方详细解释过的那样，人们对于犯罪行为人往往具有报应需求或者复仇需求（参见本书第26页）。在诉诸报应需求的情形下——即在"报应的需求理论"的意义下——有无可能在主体之间证成国家刑罚？为了避免误解，在此应当再次强调，此处所涉及的报应需求不同于被害人的损害赔偿请求（其毫无疑问是正当的）。毋宁说，如果报应需求存在的话，它与损害赔偿请求同时存在（参见本书第26页及以下）。

那么，国家应该为了其公民的普遍利益而满足"对已经实施的违法行为进行报应"这一广泛的需求？公民的报应需求能否因此被视作刑事惩罚的充分理由？抑或，这是否与同样存在的、反对报应性惩罚的需求或者利益不相容？这种利益至少存在两种类型：第一种类型是犯罪行为人不受惩罚的利益。第二种类型则是所有公民的利益，公民原则上想要尽可能地少交税，就此而论，他们甚至对受国家资助的惩罚实践也有异议。

不过，对所有这些现有的需求和利益进行简单的权衡，并不能公正地解决所讨论的问题。第一，任何一种国家惩罚表面上都是对犯罪行为人的基本权利或人权（其在宪法上受到保障）的严重干预，而这些权利从个人的利益立场来看，都是不可欠缺的（参见本书第 22 页）。当然，这并不意味着每一种国家惩罚都会因此而被排除在外，但它确实意味着，当且仅当它对此提出了不容置疑、强而有力的论据，且每个公民实际上都能从自己的利益角度来理解这些论据时，这种惩罚才能被认为是合理的。仅仅是"许多人希望特定的其他人遭受恶害"这一事实，肯定是不够的。否则，某个少数群体的成员可能会被监禁或者遭到驱逐，因为大多数公民具有这种需求。

第二，在此种情形下，人们必须考虑以下重要内容：如果它所涉及的问题是——就如同现在的情形——对于个体 I 而言，如何证成行为、规范或者制度（如惩罚），那么，就不能简单地将 I 实际拥有或者感受到的所有需求、欲望或者利益当作此种证成的基础。毋宁说，只有那些通过了某种理性检验的利益，即当 I 具有判断能力且知道在所有相关的情形下他所拥有的利益，或者他在这种状态下无论如何都会拥有的利益（详见霍斯特 I，第 1 章），才能被纳入考量。因此，当我在下文中谈到"利益"时，都是指这个意义上的理性利益。

如果人们简单地将 I 实际上拥有的每一个报应愿望、每一个报应需求都完全不加审查地视作惩罚的充分理由（至少从 I 的角度来看），这就和以下的情形一样荒谬，即人们将 I 的实际愿望——"我在喝了一夜的酒之后想要开着自己的车回家"——同样视作此一驱车旅行的充分理由。只有当我在具有判断能力的状态下认识到与我的决定相关的所有前提条件和后果，并仔细地检查和权衡后，我所希望的行动才能符合我合理的、真正的利益。

因此，我们关于（基于利益的）惩罚论证的未决问题必须是：纯粹的（完全是报应性的）报应利益果真与人们纯粹的（完全是报应性的）报应需求相符吗？基于正常的公民利益，打破法律的规范违反行为是否就应当通过刑事惩罚而遭到报应？换句话说，基于这种利益，打破法律的行为本身是否已经成为国家惩罚的充分理由？

这是否意味着,不需要满足更多的前提条件就可以认为国家惩罚是合理的、正当的?

至少有两个理由反对这样一种说法。第一个理由是,这件事情本身——"在那些真正具有报应需求的人群中,大多数人事实上具有这种纯粹的报应需求"——非常值得怀疑。这就是说,当人们面对"是否容许对违反法律的人施加恶害,并且这种恶害施加是自为目的的"这一问题时,其中某些人或许不会这样回答:"是的,如果我们不再惩罚盗窃行为,我们最终会怎么样呢?会有比今天多得多的盗窃行为吗?"

这意味着,在我看来,许多有报应需求的人在经过反思之后也会有这样的想法,即惩罚对于其同胞的未来行为也会有积极的作用,报应需求的满足本身不能自为目的,惩罚本身也具有一定的预防作用,有助于使惩罚正当化。如果这一点是正确的,那么,这些人对于"通过刑事惩罚,直接对已经发生的违法行为展开报应"这件事情就不会有利益。就此而论,他们不具有纯粹的报应利益。

反对纯粹报应利益的第二个理由是,我强烈怀疑,即便是那些真正想要报应（不夹杂任何一种预防作用）的人，他们之所以这样做，也是因为他们根本上确信惩罚报应原则（在客观上由正义事先给定）的有效性。这不一定意味着，他们会明确主张本书第二章中所探讨的任何一种报应理论，或者他们可能诉诸《圣经》中的报应原则。当他们在前哲学层面确信"他们的报应需求不仅是他们的主观需求，且这种需求无论如何必须以某种方式在客观上被证成，从而尽管惩罚具有严苛的恶害特征，但他们拥有并满足这种报应需求是相当合理的"，就已经足够了。

不过，如果本书第二章中关于报应理论的失败的论述是正确的，那么，这种针对报应的客观证成方式就不会存在。这意味着，个别人所持有的那种纯粹的报应需求可能是基于一种错误的、虚幻的观念，因此，它与纯粹的（理性的）报应利益是不相同的。

对于那些不顾上述疑虑而仍然确信具有被充分证成的、纯粹的报应利益的人而言，他们最终应当思考以下的问题：当他自己违反了法律时，他是否还会坚持这种利益？如果他犯了盗窃罪，他是否实际上希望自己为此受到惩罚——即便他既不相信事先被给定的报应原则，也不相信惩罚的预防作用，并且他已经将被盗的物品完好无损地归还给它的主人，亦是如此？即便他觉得这些事情根本不可能发生（因为他永远不会违反法律），他也应该扪心自问，假若他面临一种无法完全被排除的情形，即当与他关系密切的人（如他的家人）违反法律时，他是否也想要一种纯粹的报应性惩罚。

是的，即便某个已经犯了罪的人认为对他的惩罚是正义的强制性要求，或者是某种实践（即通过预防的方式，行为人自身从这种实践中获得利益）的必然结果，报应的需求也很难出现在他的身上。每个正常的公民都有这样的需求——无论他作为行为人是否会成为报应性惩罚的受害者——以便通过这种方式纯粹立足于利益地在主体间证成报应性刑罚，这一出发点不能被视作现实的。毫无疑问，报应的需求在犯罪被害人的身上表现得最为明显。因此，有很多理由支持将此一需求的满足纳入民法上的义务，以痛苦抚慰金的形式对行为人所造成的损害加以赔偿。

最后，此处想要再次提及本书在探讨最初的报应理论时已经论述过的一点（本书第49页），这在目前的情况下也同样适用：如果有人真的确信，每一个违法行为都会导致民众普遍的报应利益，且这种报应利益应当通过刑事处罚的方式来满足，那么，他就必须一贯地主张，不仅要处罚这个或者那个违法行为，还要处罚所有的违法行为。这将会导致（不仅仅适用于我国的）刑法的大幅度扩张。不过，那些不想要导出这种结论的人必须"表明和解释为何对于特定的违法不存在报应利益"或者"放弃他的原则［根据这一原则，违法不仅是惩罚的必要条件，而且（在涉及现有的报应利益的情形下）甚至是惩罚的充分条件］，并提出正当惩罚的另一个必要条件"。

在经过上述所有考量之后，人们很难说从社会中无疑存在的报应需求中可以得出足够强烈且广泛的报应利益——这种纯粹的报应利益在没有其他前提条件的情形下能够在主体间证成一种所有公民都接受的、与人权制度相符的刑事惩罚。刑事惩罚在主体间的证成显然需要一个额外的前提条件。

二、对预防的要求

从目前的论述中应该可以看出，正当惩罚不可或缺的一个前提条件是预防——预防未来行为，无论未来行为是不正当的还是违法的，人们都会通过惩罚对它作出反应。因为对侵害正当法规范行为的预防无疑是一种至高的利益；而且，这也是通过指向未来的惩罚最有可能实现和促进的唯一利益。

任何一个理性公民都会因实现此种预防的利益而获得利益。因为没有一个理性公民会希望自己成为谋杀或者入室盗窃等违法行为的受害人——即便他自身因为预防而被限制了实施谋杀或者入室盗窃的自由。

因此，毫无疑问，预防未来的违法行为本身就是一件好的事情。然而，它并未表明，这种好的事情也能正当化惩罚这一恶害，以及如果是这样的话，在何种更为具体的前提条件下，它才是可能的。因此，在这一点上，我们面临那些使惩罚的功利主义证成显得如此有问题的疑问（参见本书第 72 页及以下）：如果任何惩罚的恶害程度低于其积极的预防效果,那么,这种惩罚实际上能否被正当化?此外,难道不存在被正当化的、其恶害程度高于其积极效果的惩罚?简而言之,预防不仅是一个重要因素,甚至是(对正当化刑事惩罚而言具有重要意义的)唯一因素?对于这些问题——就像本章中的所有问题一样——下文中将具体地从个人主义的利益立场展开探讨。

问题一:如果惩罚的恶害程度低于其积极的预防效果,那么,这种惩罚实际上能否被正当化?因而,以较小的惩罚损害为代价来防止较大的犯罪损害,是否成为正当惩罚的充分条件?如果是这样的话,原则上也可以考虑惩罚行为人之外的其他人(如行为人的亲属),使之作为对已经实施的违反规范行为的反应——只要这种规定具有如此突出的预防效果。

但是,这样的规定是否符合各个公民的利益情形?答案当然是否定的;否则,每个公民都必须考虑到,自己在哪些情形下会遭受惩罚(这种惩罚不是他以任何方式引起的,因而他也不可能通过有意识的行为采取任何方式来避免这种惩罚)。针对一件我在无责任的情形下所引起的事情或者完全不是由我所引起的事情加以惩罚，就像一道无法预见的闪电击中了我一样。

人们可以争论，社会是否不应对自然界中众多不值得的不公平现象加以衡平。但人们很难争论，是否可以或者应当将完全不值得的恶害以惩罚的形式施加给社会（甚至是个人）。诚然，每个人在通常情形下都会从相关惩罚规定的（在合乎前提条件下较高的）预防效果中受益。如果只有有罪的行为人才要受到惩罚，那么，它就取决于每个人能否完全从相关惩罚规定的预防效果（即便这种预防效果在合法前提条件下是较低的）中获益。另外，如果无辜的人也要受到惩罚，那么，个人或许只是碰巧在总体上成为体系的失败者（尽管存在较高的预防作用）。因为公民必须遭受的每一种惩罚并非都必然能够通过制度提供给公民的、较高的安全性来加以衡平。

如果我倾向于这种刑事制度，即仅惩罚有罪责的行为人，那么，它明显符合我的利益。因为这样一来，我是否应当遭受惩罚，完全取决于我。这意味着，我能否从这个制度中获利——总体而言——取决于我自己。因为一方面，我从它的预防作用中获益良多，但另一方面，我觉得对违法行为进行惩罚的威吓对我自身的行动自由影响不大，因为即便没有惩罚威吓，我通常也不会实施违法行为，毕竟我没有实施相关行为的需求；我出于道德原因而不去实施这些行为；对于即将来临的民事制裁（如损害赔偿义务）的恐惧，已经足以使我不敢去实施这些行为。当然，我不能绝对排除有一天我甚至会犯下像谋杀那样严重的罪行（其结果将让我成为体系的失败者），因为它们超出了预防作用对我的好处。但我更不能排除这种可能性，举例而言，有一天我将成为一场无过错的交通事故的受害人；尽管如此，参与道路交通却符合我的利益。

我猜测，绝大多数的国民都会从受到充分考虑的个人利益这一立场出发，全面考量所述惩罚体系的利弊，并对其进行类似的权衡（参见本书第80页以下）。这将意味着，原则上，具有预防作用的惩罚在很大程度上也要在主体之间被证成，只要惩罚仅涉及那些真正有罪责地实施违法行为的人。

这并不意味着，如此被理解的惩罚必须以相同的方式服务于报应及预防——正如我们的刑法学者喜欢用他们的"综合理论"（Vereinigungstheorie）所宣称的那样。我们的（原则上正当的）刑罚制度绝不会以同等的方式服务于两者。这一点和诸如此类的以下主张一样均非如此，即我们的税收制度的目的之一——简而言之——是使富有的上层阶级变得贫穷，因为贫穷的下层阶级无须缴税。税收制度的目的不是对富人的掠夺，而仅仅是对国家开支的资助；因此，税收义务只限于相对富裕的人，从而出于社会公正的需要，穷人不会变得更穷。而且，与之完全相应的是，将惩罚限制在有罪的行为人身上，并非服务于他们所遭受的、作为自我目的的惩罚，而同样也只是为了避免某种不希望出现的附带结果。惩罚有罪之人和剥削富人一样都不是一种理性的自我目的（Selbstzweck）。整个世界并没有因为身处其中的某些人的处境更差而变得更好。

一个非常不同的考量也可能认为，纯粹的报应不是理性利益的对象。约翰·莱斯利·麦基（John L. Mackie）如此论述，人们自发性的报应需求可以得到如下的最佳解释：在人类的生物演变和文化演变过程中，这种

93　需求仅仅是逐渐形成的，因为它虽然不是作为自我目的，却作为实现目的的手段而被很好地维持下来，因为通过对惩罚的要求和惩罚的实现，它在事实上决定性地促进了社会中的犯罪预防。换句话说，就惩罚而言，人们总是在做正确的事情，即便是出于错误的动机（麦基在书中多处说到这个问题，难以给出具体页码）。

如果对报应需求的这种解释是正确的，那么，这不仅跟"预防是正当惩罚的必要条件"这一论点一致，甚至还能说明该论点。事实上，这一解释为我的主张提供了进一步的论据，即不能轻易地从现有的报应需求中得出一种理性的报应利益。顺带一提的是，惩罚只是众多情形中的一种，在这些情形中，尽管人们做了正确的事情，却是出于不合理的动机。

问题二：如果惩罚所造成的全部恶害相较于它全部的积极预防效果更有分量，那么这种惩罚是否不正当？为了使惩罚正当化，惩罚所带来的预防价值（即它所防止的犯罪损害）是否在任何情形下都必须大于惩罚本身的非价值（即它所造成的惩罚损害）？抑或说，如果某种惩罚在任何情形下都有预防作用，那么，通过惩罚所产生的预防的程度是完全不重要的?

这个问题的前提条件,即惩罚恶害重于预防利益,在所有情形下都是现实的——前文关于惩罚强制性交的论述(本书第77页以下)应该已经表明了这一点。虽然我们很难确定这种前提条件实际上成为现实的频繁性,但是,这个在法伦理上饶有兴趣的问题,即如何以合理的方式处理这类问题,并不取决于这一频繁性。在这些情形中,惩罚虽然在功利的基础上是不正当的,但它似乎完全符合人们对惩罚的广泛的道德理解。那么,如何论证这种惩罚确实符合普通公民的利益,且这种利益可以被很好地理解?

决定性的因素可能是,普通公民(他们知道惩罚典型的违法行为的利弊)并不把"通过惩罚所实现的、行为人遭受惩罚的痛苦"和"通过此一惩罚所阻止的、潜在被害人遭受犯罪的痛苦"置于同等重要的位置。并且,没有理由认为这种不平等无法符合普通公民的利益。毕竟,我是否要忍受惩罚,是由我自己决定的,没有人可以强迫我去犯罪。但是,当惩罚以及由此所产生的预防作用被消除时,我是否必须忍受(遭受)犯罪的痛苦,绝不是由我来决定的;毋宁说,我是否会成为犯罪的受害者,是由行为人决定的。

恰恰是这种考量,使我主张没有任何预防作用的惩罚是不合理的——这种惩罚不能使我或者其他人(他们的福祉对我而言是重要的)获得丝毫的利益。就此而论,如果对强制性交的任何一种惩罚没有发挥任何预防作用,我也会直接主张强制性交是不受惩罚的(参见本书第69页及以下)。那些不能理解这一点的人应当扪心自问,他们此处所要求的惩罚是否果真以"(很可能是错误的)没有任何预防作用"作为出发点。

不过,上述考量使我非常理性地支持一种其预防作用肯定对我和其他人有益的惩罚,即便它对遭受惩罚的行为人造成了更大的损害。这种考量并不荒唐,尤其是当人们看到所谓的正当防卫规则时,它就会变得很清楚:根据我们的现行法,个人正当防卫所正当化的法益侵害(如攻击者的生命或者自由)并不以"防卫行为所要保护的利益至少等同于防卫行为所侵害的利益"为先决条件。在必要的情形下,妇女可以杀死一个即将强奸她的犯罪行为人。因此,正当防卫规则表明了在我们的法律实践中，行为人和受害人的痛苦原则上没有得到同等程度的重视。综上所述，就预防在（基于利益的）惩罚证成框架中的角色而言，我得出的结论是，虽然仅凭预防作用不足以证成惩罚，但预防作用在很大程度上——无论其强度如何——是一个不可放弃的、必要的惩罚条件。

三、惩罚的种类和严重程度

本书所主张的以利益为基础的刑罚证成形式，会对正当化的刑事处罚的种类以及严重程度产生什么影响？换句话说：哪一些类型的恶害原则上可以被用来惩罚（犯罪行为人），以及何种程度的惩罚可以被用来制裁各种犯罪行为？下文将从第一个问题展开说明。

在世界上已经启蒙的社会中，现在有一个共识，那就是原则上不可能有切除身体或用石头砸死等极其残忍的惩罚。这种惩罚显然既不符合普通公民的自我利益，也不符合普通公民的利他利益，而是基于意识形态或者宗教的根源。

但是，如果是无痛苦地执行死刑，又会如何呢？众所周知，这几十年来，死刑在美国的大多数州再次成为刑罚制度的一部分。现在的情况可能是，西方国家大多数死刑支持者赞同死刑，因为他们（如果不是康德主义者的话）作为虔诚的基督徒，是惩罚报应观念的追随者（参见本书第 31 页）。当年的德国政治精英、受人尊敬的法学家阿道夫·修斯特亨（Adolf Süsterhenn）在为死刑辩护时就正确地指出，"天主教会一直宣称允许对杀人犯判处死刑"，以及这点同样适用于"现代新教神学的改革者和众多代表人物"（修斯特亨，第 122 页）。

然而，仅凭这一事实尚无法证明死刑也不能在意识形态上中立地立足于利益的基础上被证成。难道不能说，作为对各种罪行的反应，除罚金刑和自由刑之外，死刑对于最严重的罪行——谋杀——是非常相称的吗？

以下论点反对任何一种死刑。第一，死刑是这样一种恶害，它没有给予行为人丝毫机会让其重新融入社会以及选择与法秩序相适应的新生活。第二，死刑是这样一种刑罚，它——有别于所有其他种类的惩罚——在司法错误的情形下，绝对不会有任何形式的后续补救。第三，就死刑的可怕恶害而言，应当存在一个令人信服的支持性论据——这和惩罚本身的恶害并无任何不同。

迄今为止,预防作用的可能论点还没有得到证实。没有明确的证据表明,对于谋杀而言,死刑的预防作用超出了无期徒刑的预防作用。公平的刑罚相当性——相较于其他轻微的犯罪行为——这一论点(下文中将详细解释)在此也是无济于事的。因为其中所包含的前提,即"较轻的刑事犯罪(如严重的身体伤害)已经需要被判处无期徒刑,因此,监禁刑已经不再有可以升高的空间,从而使其与谋杀相当",是不可证的。

有一种惩罚形式本身并不会遭到异议,那就是强迫劳动。这种强迫劳动有两种形式:一方面,它可以在与监禁刑毫无关联的情形下发生,因此,就严重程度而言,其介于罚金刑和监禁刑之间。另一方面,它可以与监禁刑相关联,因此,它被认为是一种特别严重的监禁刑。

过去,在极权主义政权下,以违反法治国原则的形式滥用强迫劳动的情形并不罕见,但这并不是反对强迫劳动的决定性理由。当然,原则上只有具备工作能力的犯罪行为人才能被判处强迫劳动,任何强迫劳动都必须与某些符合人权的条件相关联——跟所有的监禁刑一样。

然而，从原则上来说，以下这一点并不会（使强迫劳动）受到反对，而是会受到支持，即如果对行为人的惩罚会给国家或者社会带来高额的费用，那么，在可能的情形下，他应该为这些费用作出自己的贡献。此外，这种额外的惩罚类型，使"惩罚的严重程度具有更大的变化可能性"成为可能。

关于惩罚的种类，笔者最后还要说的一点是：众所周知，预防（作为惩罚本身的目的）涉及的是，尽最大可能地防止今后发生相关类型的犯罪。当然，这也包括受惩罚的行为人在今后的犯罪行为。除监禁和有针对性的威吓之外，成功的犯罪行为人再社会化毫无疑问也能起到预防此类犯罪行为的作用。因此，我们有理由来如此设计惩罚，即在其框架内尽可能地让犯罪行为人再社会化。这样的设计应当是什么样子，是一个专业的心理学问题。从法伦理的角度来看，具有决定性作用的是，赞同犯罪行为人再社会化毫无疑问和"拒绝通过特殊预防和再社会化来证成刑罚"是相协调的：再社会化无法正当化惩罚，它仅仅是正当惩罚框架内一个充满意义的目标。

这让我想到了惩罚的公正严厉度或惩罚的尺度问题。我想到的不是负责的法官针对某一具体罪行作出的具体处罚，而是立法者针对某一具体类型的罪行所确定的法定刑。下文中提到对某类罪行的惩罚的公正严厉度时，总是指处于法定刑中间地带的刑罚（该法定刑对于相应的犯罪类型而言是相称的）。

诚如前述，预防作用是惩罚的必要条件。当然，人们不应从这一论述中得出这样的结论：就任何类型的犯罪行为人而言，只要有任何一种预防作用与惩罚相关联，对其施加任意的刑罚量都是合理的。毋宁说，如果人们采取一种与利益相关联的、普通公民的正义观念，基于以下的观点，人们就不得不要求对惩罚进行限制。

诚然，惩罚不用像康德的报应理论所说的那样与犯罪行为相同。然而，对于任何一种类型的犯罪行为的惩罚，它的严厉性也不能是任意的。毋宁说，它要适用以下的原则：如果1—10类犯罪的排序方式是，它们的严重性在不断地增加，那么，对此所施加的1—10类的惩罚也必须相应地增加其严厉程度。因此，对于各个刑量而言，它并不取决于各个犯罪类型的刑量所产生的预防作用有多强烈（参见本书第 77 页）。关注这一点几乎没有意义，因为刑量（还有人们对犯罪类型的自然倾向、人们对犯罪类型的道德态度以及尤为重要的犯罪破案率）仅仅是影响犯罪发生频率的因素之一。对于某类犯罪的刑量而言，具有决定性作用的是，对于不同类型犯罪的惩罚的严厉性关系与犯罪类型本身的严重程度关系相一致。在此，诚如本书第五章所示，某类犯罪的严重程度主要取决于相关利益侵害的严重程度。除此之外，行为人对其行为的内心态度也会起到一定的作用。例如，故意伤人的刑量应当高于单纯过失杀人的刑量。

举例而言，此处所提出的正义要求并不意味着，对于已经实施完毕的强制性交的惩罚——其被孤立地视作对这类犯罪行为的适当反应——必须具有非常特定的严厉程度。它*只是说，在任何情形下，对强制性交的惩罚都必须重于对盗窃的惩罚，而对强制性交的惩罚无论如何都必须轻于对谋杀的惩罚。

因此，如果强制性交会被判处两周的监禁，盗窃会被判处 100 欧元的罚金，谋杀会被判处两个月的监禁，

---

* 即正义要求。——译者注

这一要求也将得到满足。毕竟，这些刑量才能充分满足"相对公正地对待这三类犯罪"这一要求。不过，体系中所有其他犯罪所受到的惩罚不仅相较于这三类犯罪必须是适当的，而且在彼此之间也必须是适当的。对于如此产生的绝大多数的刑量而言，人们最终会在这一点上对该刑量在任何情形下都被期待的预防作用产生重大的疑虑。因为不是每一种惩罚——无论惩罚的严厉程度如何，严厉程度轻微的惩罚亦是如此——都会产生预防作用，这是不言而喻的。

这就产生了以下的核心要求：为了使其正当化，整个惩罚体系必须如此设计，即惩罚体系及其刑量的整体无论如何都必须具有明显的、举足轻重的预防作用。与之相对，在这样的惩罚体系中，对各类犯罪的惩罚的严厉程度必须不断增加，并与各个犯罪行为的严重程度相对应。

不过，为何后者的要求是正义的要求呢？为何一般预防的支持者不应让各种惩罚的严厉程度完全取决于各自的预防效果呢？两种不同的观点可以决定性地反驳这种替代做法。

第一，对于不同犯罪类型的不同严厉程度的惩罚，其被期待的预防作用如何，我们并没有准确的认识。第二，也是关键的一点，这种替代做法将会和那些正义观念背道而驰，每一个公民都理所当然地将这些正义观念与国家的惩罚联系起来。

人们可以思考，按照替代做法，对于特定犯罪行为的惩罚的严厉程度应当止于哪一个（不断上升的）预防作用点？举例而言，如果终身监禁刑——相较于3年至30年的自由刑，后者不会产生不同的预防作用——在预防效果上会有非常微不足道的提高，那么，用终身监禁刑来处罚盗窃行为似乎就是站不住脚的。即便是一个确信自己永远不会犯盗窃罪的人，出于利他主义的利益，也不会希望他身边的人在盗窃案中受到这种惩罚。同样，可能也不会有人希望，对普通盗窃行为的惩罚要比对严重身体伤害行为的惩罚更为严厉——即便通过这种惩罚（相较于通过适当的惩罚）可以明显地阻止更多的盗窃行为。

顺带一提，适用于确定（针对各犯罪类型的）惩罚严厉程度的内容，也适用于各个法官在立法者规定的法定刑范围内对具体犯罪行为所处刑罚*的严厉程度。其中具有决定性作用的是：此处所提及的、普遍认同的正义观念并不取决于惩罚的报应理论，正如笔者在本书第二章中所探讨和指摘的那样。人们绝不应将以下两种主张混为一谈。

主张一：惩罚恶害的正当性完全取决于正义对报应的要求。

主张二：惩罚恶害的正当性取决于其预防作用，只要特定的正义要求被遵守。

根据第二种主张，正义要求本身——与根据第一种主张所提出的报应要求不同——并不是为了正当化惩罚恶害；它们只是具有将（预防上正当的）刑罚体系各个要求和特定的附加条件——如被惩罚者的犯罪行为人身份**、所施加的惩罚与犯罪行为的相当性——联系起来（参见本书第91页）的功能。

---

* 即宣告刑。——译者注
** 即被惩罚者是实施犯罪的人。——译者注

四、必要的责任能力

103   正如我们所看到的那样,正当惩罚的必要条件之一是受到惩罚的人同时也有责任地实施了(此种惩罚所要针对的)恶害行为。无论如何,都不能认为惩罚一个无辜的人是正当的(详见本书第89页及以下内容)。更准确地说,被惩罚者必须既是相关恶害行为的实施者,也必须是有责任地实施了这一恶害行为。这两个条件更准确的含义是什么呢?

某人必须满足哪些条件才能被视作"犯罪行为人",这一点并不难看出:他必须通过自己的行为造成(verursacht)《刑法典》中所列的特定事件——例如,他人的死亡或者受伤。这并不意味着行为人 A 必须是事件的唯一(einzig)原因(如果闯红灯驾驶的 A 和正常驾驶的 B 相撞,那么,A 和 B 一起造成了这起事故)。不过,这可能意味着,如果没有 A 的行为,则已经发生的事件在任何情形下都将不会发生。

然而,某个人通过自己的行为造成了特定的事件,这并不意味着,他也有责任地造成了这一事件。例如,一个小孩子完全不可预测地跑到我的车前,而我因为无法及时刹车而撞死了这个孩子;虽然我造成了这个孩子的死亡,但我没有任何责任。在此详细地叙明不同种类的责任(从蓄意到各种形式的故意再到过失)以及如何准确理解、区分这些不同类型的责任,将会走得太远。

从哲学的角度来看,与有责任的行为相关的另一个基本问题则要有趣得多。这个问题是,行为人必须满足哪些额外的、原则性的前提条件,才能被认为他有能力(fähig)实施一个有责任的行为,即他是有责任能力的。关于责任能力,有两个不同的问题。

第一个方面涉及的问题是,即便在现代的、决定论世界观的前提下,人们是否仍然可以一如既往地被视作有责任能力呢?这是一个非常基本的问题;倘若人的责任无法与决定论相容,且决定论是正确的,那么,强制性的结论就是,所有的惩罚都是不正当的!

与之相对,第二个方面涉及以下问题:如果第一个问题值得一个肯定的答案,即人类从根本上来说具有责任能力,那么在何种特殊的(besondere)条件或者情形下，人类就没有责任能力了呢？没有人会对此产生怀疑。例如，一个患有严重疾病的人、一个完全喝醉的人或者一个儿童在其特殊的条件下是没有责任能力的——无论他可能基于何种意图而实施了何种具体的犯罪行为。法律人也将这些人称作无归责能力的人。但是，这种无归责能力的实际条件是什么呢？无归责能力或者欠缺责任能力从而也欠缺应刑罚性的说法如何在伦理上证成？正如笔者即将说明的那样，对这些问题的回答，与对第一个问题（涉及决定论）的正确回答密切相关。

责任能力与决定论是否相容，以及它是否以非决定论意义下的意志自由为前提条件？为了能够回答这个问题，我们必须首先弄清楚决定论的确切含义。就人类而言，决定论指出，所有的人类行为都是被决定的或者不自由的，它——与动物或者无生命的自然的行为没有两样——是原因和作用连续序列的产物。这些原因究竟可以追溯多远，是无关紧要的。对于欠缺意志自由而言，起到决定性作用的，仅仅是所有人类行为的最终原因始终都在行为实施者自身之外。

最终的原因可能处于开始驾驶之前的领域或者相关人员的社会周遭领域。例如，我经常听古典音乐这件事情的最终原因不在我身上，而是可以从因果关系上部分地回溯到我的天性，部分地回溯到我年轻时享受的音乐课。不过，如果这是真的，那么我昨天去听音乐会就不是我自由意志的产物，而是我自身之外的原因决定我昨天去听音乐会。

但是，非决定论意义上的自由意志（因此，决定论是不正确的）果真是人类责任能力的必要前提吗？以及，果真如此，决定论真的是妥当的，因而可以驳斥责任能力吗？

一个人只有当他的行为不是被决定的，他才能被认为是有责任能力的？为了能够回答这个问题，我们必须弄清楚责任能力或责任的准确含义。正如我们所看到的那样，A 有责任地实施了特定的行为，是我们有权对 A 的这种行为进行惩罚的必要条件。在上述造成孩子死亡的例子中（参见本书第 103 页），惩罚造成死亡的人明显是不正当的。就此而论，有责任的行为的条件和被允许的或者正当的惩罚的条件是完全相同的。当某人实际上可能因为这一行为而受到惩罚时,他才可能有责地实施一个应受惩罚的行为。

适用于责任的内容,也完全适用于责任能力。这意味着:某人在某些条件下原则上应当受到惩罚,他在相同的条件下才具有责任能力,亦即能够有责任地实施行为。在欠缺责任的情形下不应存在刑罚,责任的概念因此与惩罚的容许性挂钩,对责任的准确理解取决于惩罚被容许的确切条件。然而,对这一问题的回答反过来又取决于惩罚恶害的施加在伦理上的证成方式或者正当化方式。这使我们再次回到本书的核心问题。

不过,在尝试从本章所采取的立场来回答责任能力的问题之前,我想简要地说明,本书第二章所讨论的惩罚的报应概念会对责任能力的理解及其与决定论的相容性造成何种结果。我主张:那些认为"惩罚正当化的唯一理由是对已经发生的行为的报应"的人,肯定无法使必要的责任能力和决定论相容。否则,某个人被施加惩罚恶害的唯一原因,是远在过去的某些原因通过其个人导致了行为(的发生)。这个人将会因最终不是来自其自身的东西而受到惩罚的报应,因为他没有不做这件事情的可能性。如果为了报应身体伤害,人们可以将一个被决定的人关起来,那么他也可以为了报应伤害孩子而去囚禁一条狗,或者为了报应树枝落到自己的头上而去砍掉一棵树。或许人们确实有理由将狗关起来、把树砍掉——但这肯定不是为了报应,而是为了防止未来发生类似的事故。然而,对于报应性惩罚的追随者而言,这样的理由是不可能被考虑的;因为对他来说,预防不能发挥任何作用。

任何一个指向过去的、针对行为所作出的报应(无论是刑罚还是奖励)都必然以此作为前提,即导致行为发生的最终原因之一至少不在行为人的外部,而是在行为人的内部。如果行为人对某个事件最终无法施加任何影响,那么,因该事件而对行为人施加报应的做法不仅在道德上是有问题的,它甚至还会失去作为报应的所有意义。这意味着:对于它在原则上所预设的、人类的责任能力来说,惩罚的报应观念绝对依赖非决定论。如果决定论是正确的,则人类的责任能力就会被排除掉,而这种能力对于报应观念而言是不可或缺的。在决定论的前提下,任何一项仅仅用于报应的惩罚自始就是不正当的。

但决定论是正确的吗？这个问题相当复杂，即便根据当今有争议的知识状况，它也很难得到明确的回答。有很多支持和反对决定论的、应被认真对待的论点。因此，我对这个问题保持开放性态度，在这一点上我满足于一个不可知论的立场。毕竟，如果决定论是正确的，那么，除了本书第二章已经提出的反对意见之外，前述的考量会导致任何一种惩罚报应理论面临进一步的严重反对。

不过，如果根据我的观点，即我们将预防而非报应视作正当惩罚的必要前提，情况是否会有很大的不同呢？不难看出，这个问题的答案明显是"是的"。毕竟，决定论并不排除这种做法，即人们可以通过惩罚来影响未来的行为。相反，尤其是当人们的行为既有遗传原因也有社会原因时，我们完全有理由相信，刑罚威慑也可以成为一种原因。所谓的预防效果明确地建立在这样的假设上，即潜在的犯罪行为人至少有时会因为害怕未来的惩罚而产生充分的动机去避免实施预期的犯罪行为。为何这一假设与决定论相矛盾呢？

然而，如果我们宣称，决定论对于惩罚的预防作用来说甚至是不可或缺的，那就错了。对此不可或缺，仅仅是说惩罚威慑是一个能够影响人类行为从而有时有助于他们避免实施犯罪的因素。不过，这并不排除以下的情形：某一个原因（其是作为或不作为的必要条件）同样也可以是一个自由意志的行为。举例而言，作为一个音乐爱好者，我具有某些固定的倾向。这一事实固然是我昨天参加音乐会的一个必要条件。基于这些倾向，我可能完全不会去看电影。然而，其他的必要条件可能是一个在因果上未被决定的、完全自由的决定，即我决定去参加音乐会而不是去看歌剧。正如在这种情形下，特定的倾向与我的自由意志共同决定我去参加音乐会一样，我对惩罚的恐惧以及我的自由意志，在原则上当然也能一起决定我在发生交通事故后不去实施肇事逃逸行为。

关于罪责能力和决定论的关系，或者关于决定论（如果它是正确的）是否会消除人类的所有责任能力这一问题，本书就说这么多。从哲学角度来看意义不大，但对国家刑法的设计并非不重要的进一步问题是，在何种特殊情形下，人们无论如何都是不具有责任能力的，因为不具有归责能力?(参见本书第103页)。究竟是什么可以让儿童、精神病患以及醉酒者能够同样被视作无归责能力者?这些人与正当的、有责任能力的人有什么区别呢?

决定性的一点可能是,所有这些人都没有能力以一种真正理性的方式作出行为决定。只有当我没有成见地注意到与我的决定相关的事实(只要这些事实对我来说是可获得的),并清醒且谨慎地权衡了它们之间的利弊时,我才算以理性的方式作出某项行为决定。然而,在具体的个案中我能够做到这一点的前提条件是,在我所身处的生活情境中,我具有决定能力,而这种决定能力的获得离不开一定程度的智力、判断力和心理健康。任何人,一如前述提到的那些人,一旦不能思考或不能清楚地思考,不能权衡或受到心理强制,就不具备作出理性决定的必要能力,在此可以认为他不具有刑法上的归责能力或责任能力。但是,为什么他被认为没有责任能力,即为什么他可以不受惩罚呢?

从主张预防的刑罚论证立场(我认为这是正确的)来看,这个问题很容易回答:为了让刑罚威慑达到有效震慑的效果，某个人在原则上必须恰恰具备笔者前述的决定能力。他必须具备足够的智力，才能认识到所面临的惩罚；他必须具有足够的判断力，才能够在所面临的刑罚和实施犯罪行为的利益之间作出权衡；他的心理必须充分健康，才能够真正地将他认为合理的方案付诸实践。将那些不具有此等意义上的决定能力（因而也不具有归责能力）的人当作有责任能力的人来对待并施加刑罚，将会是高度无效的，因而无法通过预防来证成。

当然，在决定论的假定条件下，也会存在有归责能力的人（一如不具有归责能力的人）。某人在上述意义上是有归责能力的，这一事实并无法排除，他同时被决定实施某种行为。因为，"A 在明天会去实施盗窃行为这件事情是被决定的"根本就不意味着"A 事先知道或者至少可以知道他明天被决定干什么事情"。决定论并不是说，我们现在或将来能够真正地预测我们被决定要实施的行为。无论 A 是不是被决定的，A 在其行为之前身处的主观决定情形是完全一样的；无论他是不是被决定的，其责任能力的条件也是一样的。

自由的概念终究是模糊的。即便人们可能欠缺非决定论意义上的"意志自由"（Willensfreiheit），但这并不意味着他们也将必须欠缺那种特殊的"行动自由"（Handlungsfreiheit）。除了外部的行动可能性之外，行动自由还特别包括了决定能力以及由此产生的责任能力（关于这一主题的更多论述，参见霍斯特Ⅱ，第8章）。

不过，决定论会导致如下后果：存在一些被决定实施犯罪行为的个体，由于随后的惩罚，总的来说，整个惩罚系统给他们带来的伤害多于益处，这种情形是无法被排除在外的。就此来说，人们可能会认为上述论证（参见本书第80页以下）不适用于这些个体。但这种假设是一种谬误。我再次重申：对我来说，我完全不可能事先知道我在未来被决定实施什么行为。即便有朝一日我因为严重的罪行而身陷囹圄，但在我实施犯罪行为之前，赞同一个我能够从中受益的刑罚体系，对我来说才是完全理性的。

112 　　我在20岁时作出的购买健康保险的决定，并不会因为我在80岁去世且没有使用过医疗服务而变得不理性。当然，在这种情形下，人们可以正确地说："如果他当时作出一个不同的决定,对他来说会更好。"但这并不意味着:"他当时作了一个错误的、不合理的、非理性的决定。"从第一句话直接过渡到第二句话,是一个常见的错误。

第五章 何种行为值得被惩罚？

113　　本书的前一部分内容涉及这个基本的伦理问题,即鉴于惩罚是一种恶害,它能否被正当化,以及如果可以的话,正当化的惩罚必须符合哪些前提条件。笔者现在想要针对"哪些行为值得被惩罚"这一问题提出若干想法。试图从哲学的立场对这个在法政策上具有重大意义的问题给出一个明确的答案,肯定是一种狂妄的做法。然而,这并不排除如下这种尝试,即界定出某种伦理框架,立法者应在此框架内合理地处理这一问题。

　　显然,存在大量不同种类的人类行为(以及不作为),这些行为实际上受到了国家的惩罚,据推测也是值得被惩罚的。下文中将探究可以被视作特定行为应刑罚性之必要且充分条件的一般性标准。

一、道德违反?

114　　一种普遍存在的传统见解将"违反道德法则"或"违反道德"视作决定性的观点。但是,按照这种见解——笔者在下文中也会将它称作"刑法道德主义"(Strafmoralismus)——对"道德法则"或"道德"的理解是什么？对此可能存在两种不同的解读方式，人们务必将它们区分开。按照第一种解读方式，道德是指在相关社会中实际生效的道德，即在社会中普遍存在的道德。按照第二种解读方式，道德是指道德规范的汇编，这些规范——无论其在事实上的社会效力如何——都可以在主体间获得普遍可理解的证成。按照第一种解读方式，相关道德的可证成性这一问题是不相关的，而按照第二种解读方式，它不会取决于相关道德规范在事实上的社会效力。

应该可以轻易地看出，在评判这两种解读方式时，赞同或反对刑法道德主义的理由很难相同。然而，遗憾的是，刑法道德主义的支持者通常不会充分地表明他们实际上代表了这两种解读方式中的哪一种。

过去，著名的刑法学者在探讨某些性行为的应刑罚性时也曾多次提及刑法道德主义，其提及的方式是对解读方式的问题采取一种开放的立场。例如，汉斯·海因里希·耶赛克（Hans-Heinrich Jescheck）认为，行为的"可非难性"（Verwerflichkeit）就足以论证该行为的应刑罚性；就此而论，同性性行为尤其显示出"对社会道德基本要求的漠视，在欠缺国家反应的情形下，这些社会道德无法维持公众的法忠诚"（耶赛克，第344页）。冈特·施特拉腾韦特（Günter Stratenwerth）写道，当涉及同性性行为的应刑罚性时，"个人的自我决定"仍然受到"道德性所划定的界限"的限制。根据该作者的说法，"主张同性性交行为通常不会'伤害到'任何人而只会影响到当事人，因此是一种错误的说法"（施特拉腾韦特，第123页）。事实上，1962年的德国刑法典政府草案明确表明，立法者的任务是"通过刑法形塑道德的力量，筑起一道堤坝，防止……堕落行为的蔓延"（德国刑法典草案及理由，第377页）。

此外，这种刑法道德主义与德国联邦宪法法院关于男性同性性行为应刑罚性的判决完全一致。在判决中，德国联邦宪法法院指出，"道德法则"当然可以"作为立法的准则，只要它能够使立法者在其他情形下不被容许的或有疑问的、对人类自由的干预正当化"。就此而论，起到决定性作用的是，特定"道德上的价值判断……被普遍认可并被视作道德法则"。在此背景下，德国联邦宪法法院指出："同性性行为显然违反了道德法则"，特别是"两个主要的基督教教派……都谴责同性性行为是不道德的"。有趣的是，德国联邦宪法法院在其判决书中指出了"纳粹统治者"在1935年对相关刑法规范的修改："（纳粹统治者）取消了在同一个条文中规定同性之间以及人与动物之间反自然性行为的做法"。因此，对于国家社会主义者来说，似乎存在不同类别的"反自然性行为"［关于前述的引文，参见《德国联邦宪法法院判决集》，第6卷（1957年），第434页以下，以及第394页］。

当然，在此期间，德国没有任何法学家、法官或政治家敢援引"道德法则"来为惩罚同性性行为辩护。不过，它也会涉及其他行为，这些行为目前的可罚性显然也是基于道德理想或禁忌（例如，人们可以想到积极安乐死、胚胎植入前诊断、"乱伦"或"奥斯威辛谎言"）。此时人们不再首先和明显地援引道德，而是诉诸伪论点，其任意性再明显不过了。笔者在此处仅用以下这个例子来说明。

若干年前，德国联邦宪法法院曾就处罚"乱伦"（兄弟姐妹之间性交意义下）是否符合宪法作出了判决。

法院以如下的方式来论证这种行为的可罚性：可罚性建立在"文化史上已经成立的、仍然有效的社会信念（即乱伦应受惩罚）的背景下"（观点一）。此外，（处罚乱伦）还可以"避免因为乱伦关系而产生具有严重遗传性疾病的后代"（观点二）。然而，惩罚的"首要"理由是"《德国基本法》第 6 条所要求的对婚姻和家庭的保护"（观点三）［参见《德国联邦宪法法院判决集》，第 120 卷（2008 年），第 248 页以下，以及第 243 页］。

人们可以思考以下这个例子：一个 60 岁的男子在圣诞聚会后引诱小他两岁的亲生妹妹进行性交。两人都是未婚，也没有孩子；他们的父母已经去世了。根据德国现行法，两人都犯了相同的罪行，根据《德国刑法典》第 173 条的规定，对该"交媾"的惩罚是"两年以下有期徒刑或者罚金"。

这种惩罚如何与德国联邦宪法法院所主张的观点相容呢？由于此种"乱伦"不可能产生后代，也不可能有"婚姻和家庭"在此处获得保护。因此，除了前述的"有效的社会信念（即乱伦应受惩罚）"之外，别无他物。换句话说，凡是"社会"认为值得惩罚的（因为它是不道德的),国家可以也应当加以惩罚。顺带一提,如果被问及的话,我国目前的人口中有多大一部分在这个案件中会赞同惩罚呢?

当然,现在必须承认,兄弟姐妹之间也完全有可能存在能够适用由德国联邦宪法法院提出的观点二和观点三的乱伦关系。然而,必须对此作如下说明。就观点二而言:它只能主张禁止生育后代,而非禁止性交行为(正如我们所知道的那样,这两者如今可以很容易地被区分开)。不过,就观点三(据说是决定性的理由)来说:兄弟姐妹之间的性关系给"婚姻和家庭"造成的负担真的会重于其他的行为方式,如已婚人士经常去妓院或者其他形式的通奸行为?笔者可以想象,即便在我们这个时代,仍然有一些男人认为,他们的"婚姻和家庭"因其妻子在妓院的兼职工作(这完全符合德国的法律制度!)而受到的负担,相较于他们孩子之间的乱伦关系更为沉重。如果"保护婚姻和家庭"真的是应刑罚性的决定性理由,为何通奸行为在德国(至少在特定的条件下)也不会受到惩罚?

除此之外,已经成年的家庭成员(如父亲和儿子、母亲和女儿、兄弟或姐妹)之间任何形式的同性恋关系,在德国的法律制度下也不会受到惩罚,这一点只能显得怪异。儿子和父亲之间的性关系(包括肛交)对于妻子和母亲的"婚姻和家庭"所造成的负担,相较于儿子和女儿之间的性关系完全没有什么不同!

从根本上讲,对于上述所有的不一致的解释是很简单的:在过去的四十年里,对任何形式的同性恋的惩罚(除了虐待儿童和被监护者)在我们的社会中不断地被废除,并且毫无疑问将会继续被废除,这完全是因为我们社会中的同性恋少数群体(包括相关的政治家)在任何情形下都是如此强大,乃至于他们对选民的影响举足轻重。当然,在兄弟姐妹乱伦的情形下,情况并非如此。因此,在某种情形下,人们以最理所当然的方式援引那些在其他情形下不会被考虑的理由。在现实中,对于最高法院和议会而言,它们显然不会关心何种理由,而只会关心预期的结果。而且,当人们不会因此而有任何的损失时,为何不应至少遵守我们宗教传统的禁忌(根据《利未记》20:17,乱伦的兄弟姐妹应当被"砍掉")?

至少同性恋这个例子可以告诉今天的读者,不能仅仅因为某个行为与社会普遍接受的道德观念相抵触，就认为该行为应当受到国家的惩罚。当然，这并不意味着社会上被视作不道德的行为原则上可以不受惩罚。显然，在我们的社会中被认为是不道德的行为，如盗窃或身体伤害，完全是可罚的。然而，问题在于，某种行为不应该因被视作不道德而受到惩罚。毋宁说，我们必须寻找另一个应刑罚性的标准。

不应认为某个行为因违反了道德就该惩罚。一个很重要的理由在于：社会中的道德观念至少有一部分是基于意识形态或观念上的假设，而这些假设经不起理性的、主体间可理解的论证。尽管如此，社会中的成员当然普遍有权坚持他们所主张的道德规范，以及利用道德手段来对抗偏离这些规范的行为。这种权限完全不取决于相关的道德规范是否得到社会大多数人的认可。即便在2011年*，我们国家的每个公民仍然有权在道德上拒绝并排斥同性恋和肉食者。但是，如果人们仅仅因为社会上普遍存在的道德行为要求，就试图通过刑法手段来强制落实（这些道德规范），那就完全是另一回事了。

---

* 本书德文版出版于2012年。——译者注

对同性恋行为强制性地施加刑罚恶害，只能被视作对自由权和自我决定权的严重侵犯。目前，德国大多数人可能会拒绝对同性恋进行惩罚，理由是同性恋行为甚至不是不道德的。然而，诚如笔者所说的那样，这一论证是错误的。社会中大多数人认为不道德的东西，不仅在不同的社会中会发生变化，甚至在同一个社会中也会一天天地发生变化。它也是由运动和潮流（与无先见的理性关系不大）所决定的——但这并不排除以下事实：一些可归因于非理性动机的、社会上有效的道德规范，就其内容（Inhalt）而言，也可以被理性地论证。例如，人们认为禁止杀人是正确的，因为杀人禁令被写在《圣经》里面，但这并不排除此一禁令也可以被理性地证成。

但是，被我称作第二种解读方式的刑法道德主义版本又是如何呢？根据该版本，应刑罚性的标准是对道德规范（这些规范以理性的方式在主体间被证成）的违反。上述对于刑法道德主义第一种解读方式的反对理由当然就无法适用于此。为何人们原则上也不应惩罚一个违反（在主体间证成的）道德规范的行为呢？

此一说法毫无疑问将无法充分考虑以下差异。诚然，任何人只要一般性地违反了主体间证成的规范（这些规范在社会上也具有一定的普遍认可性或有效性），也就有理由让他受到一定的社会制裁。因为一个不与任何制裁关联的规范，不具有任何效力；如果相关的规范被充分证成，那么其制裁也是如此。然而，问题在于，相关的制裁——根据相关规范的种类——在种类和强度上差异极大：一个道德规范与典型的道德制裁（如谴责、蔑视等）相关，一个普通的法律规范与典型的法律制裁（如民法中的损害赔偿或行政法中的罚款）有关，而只有刑法规范才和特殊的刑事制裁（如罚金刑、自由刑或死刑）关联。

因此，对于刑法道德主义的立场而言，问题在于，"针对任何一个违反了充分证成的道德规范（其本身就可以正当化上述典型的道德制裁）的行为，是否也应当额外动用国家的刑罚恶害来加以制裁？难道此处不需要满足进一步的条件，从而使道德规范违反者也要受到国家的惩罚？"人们如此思考：如果是这样的话，诸如不履行合同义务、违反承诺、撒谎或者极端形式的忘恩负义等明显不道德的行为也将会受到国家的惩罚。

然而，对这类行为的惩罚，不仅乍看之下显得夸张和不妥当，还会与德国刑法（事实上，德国刑法没有规定对上述违反道德的行为进行任何的惩罚）相抵触。在此应当注意的是，不履行合同义务——有别于前述其他的道德违反行为——虽然是一种违法行为，但根据德国刑法，这种行为是不受惩罚的（参见本书第49页）。一般而言，人们可以如此说：每一个违反已证成的道德规范的行为，原则上都会受到特定的制裁——它可能仅仅是道德性质的制裁，也可能是法律性质的制裁（如损害赔偿义务）。然而，仅凭某个行为违反了道德，就要求该行为（除了前述的这些制裁之外）还应当受到国家的刑事处罚，理由明显是不充分的。

不过，将违反已证成的道德规范的行为视作应刑罚性的必要条件，似乎是合理的。用大规模的刑罚恶害来处罚一个甚至不值得在道德上加以拒斥的行为，这几乎是不可理解的。然而，应当注意到，法律规范（一旦违反该规范会受到刑罚）不一定要和基本或根本的道德规范（如禁止杀人的情形）相同。

法律规范也可以是来自于道德规范的规范，即通过使用额外的前提而从基本道德规范中导出（法律）规范。举例而言，人们可以想到刑法上对醉酒驾驶的惩罚，它可以从国家预设的前提（即醉酒驾驶者对人类生命造成了严重的危险）与基本的道德规范（禁止严重地危害他人）共同导出，只要上述前提是妥当的，而且也能主张道德上的有效性。因此，国家的刑法既可以符合基本的道德规范，也可以符合从这种基本道德规范中导出的（法律）规范。

二、利益侵害？

虽然违反已证成的道德规范是行为应刑罚性的必要条件，但它还不是充分条件。如果说这个说法是正确的，那么决定性的问题是：什么标准可以和违反道德这一标准共同证明行为是值得惩罚的？为了能够恰当地回答这个问题，根据笔者关于道德论证和法律论证的观点，人们必须诉诸公民的利益，并关注从普通公民的利益角度来看，处罚哪些类型的行为是合理的（参见本书第 80 页以下）。

从这个角度来看，我们所寻求的标准应当表述如下：值得惩罚的是那些道德违反行为，这些行为：（1）对其受害者而言，显然比刑法禁止该行为所必然带来的对个人自由的限制更为严重；（2）国家对这些行为的惩罚与某种预防作用相关联。

应当记住：任何行为一旦至少满足两个标准中的第一个标准，它就会自动地构成道德违反——至少根据我所主张的基于利益的道德论证理论是这样的。因为从这一理论中可以看出，如果国家对某一行为的惩罚——以预防作用作为前提——在主体间被证成，那么，对该行为的道德排斥（远没有那么严重）——与相应的、非正式的社会制裁（其无疑也具有一定的预防作用）相关联——也在主体间被证成。就此而论，上述道德违反条件（作为应刑罚性的独立标准）被证明是多余的。

根据前文所论及的内容，作为一个普通的公民，我要问自己以下问题，以确定行为的应刑罚性：对我来说，以下两个选项中哪一个更为糟糕？选项一是，我成为另一个人实施的 X 行为的受害者。选项二是，我自己实施 X 行为，首先，会再次通过现有的刑罚威慑（除了通过其他的威胁性制裁之外）而受到特别严重的限制；其次，如果我还是实施了 X 行为，在某些情形下我将不得不遭受威胁性刑罚。

如果 X 行为是杀人或身体伤害，几乎每一个人在头脑清醒的情形下都会明显倾向于选项二。如果我可以因此实现"我自己不会被杀、被伤害，或者此类事情的盖然性会大大降低"这件事情，我将会欣然放弃任何杀死或伤害同伴的可能性。后者恰恰是这种情形，只要对上述行为的惩罚具有预防作用。实际上，健全的人类理智会赞同预防作用。

这个例子再次表明，对于惩罚的正当化来说，其预防作用是多么不可或缺（参见本书第 88 页以下）。举例来说，如果我没有从这种惩罚中获得丝毫好处，为何我要大声赞同对身体伤害的惩罚？虽然迄今为止放弃对他人造成任何身体上的伤害对我来说并不是一件困难的事情，但我不能绝对地肯定，有朝一日我不会有相应的倾向甚至向它屈服。然而，在这种情形下，我必须考虑到对我的行动自由的大规模限制（甚至是此类刑罚恶害）。但这意味着，对身体伤害的一般性惩罚，如果仍然没有任何的预防作用，终究只能给我带来伤害。

这里也很清楚地表明：一个没有任何预防作用的惩罚实际上是毫无意义的，它就像没有任何康复机会的手术一样毫无意义可言。在这一点上，它也特别清楚地表明，为何国家的刑罚要以"行为时就已经存在刑罚威慑"作为前提。因为，一旦没有这个前提条件，预防就根本无法发挥作用，因此也就无法正当化惩罚。与之相反，如果立足于报应论的立场，人们甚至可以主张惩罚某些道德违反行为，即便国家没有事先规定这些行为的可罚性。

现在让我们考虑一下说谎等道德违反行为——作为上述行为的反例。我不认为大多数公民愿意放弃说任何一种谎言，或者在自己说谎的情形下就要受到惩罚，也许他们被骗的次数将因此变少（作为补偿）。此外，还必须考虑到，由于证据情形往往较为困难，说谎的发现率可能相对较低，以及惩罚的预防效果估计也会因此受到很大的影响。如果这一切是正确的，那么我们在处理说谎情形时，涉及的是违反道德规范。根据笔者所主张的标准，这种行为不值得惩罚，只应受到道德谴责。

如果针对每一个已证立的道德违反行为单独进行审查，即根据我所主张的标准，这些行为是否也值得惩罚，这肯定将走得太远。此外，还必须从原则上思考：根据我所主张的论证方式（其以最广泛的、主体间的所有公民利益保障为基础），无论是在道德证成还是刑罚证成上，当然会存在这样一些行为，它们处于普遍令人信服的证成的边界上，并被一些人作出完全不同的判断。比如说，侮辱行为应该在多大程度上受到惩罚呢？

但这并不会改变这个事实，即一个基于人们深思熟虑的偏好或利益的标准不仅仅是正当的，该标准也能够在任何情形下针对大多数的人类行为（就其可罚性而言）得出积极或消极的结果。

在这种关联下，"值得被惩罚"这一概念的含义仍然需要被澄清："值得被惩罚"是指行为必须（muss）受到国家的惩罚，还是仅指行为应当（darf）受到惩罚呢？我主张第二种不那么狭义的含义，即国家是否也要承担起惩罚的义务，这一点在任何一种情形下都是开放的。因为惩罚的核心是这样一个问题：在什么条件下，国家可以通过刑罚恶害的威慑和执行，以大规模的方式来限制或侵犯个人的行动和移动自由。即便人们认为国家原则上有义务（verpflichtet）保护其公民的某些基本权利不受第三人的攻击，但国家可以/应当通过何种手段来履行这一义务，仍然是一个开放的问题。即便刑事处罚具有预防作用，它也不一定是唯一可能的预防手段（另一种手段，诸如在社会中增设更多的警察）。就此而论，我在此不去过问国家在刑法上对公民自由进行干预的义务问题——有别于国家的权限问题。

顺带一提，以下事实和这种观点相一致，即在一个法律体系中，绝非所有的权利侵害行为或者违法行为都会受到惩罚（参见本书第49页）。对此，一个合理的解释是，相关的权利侵害行为很可能会受到民法上的明确制裁，故而，由刑罚威慑所产生的、额外的预防效果将会很轻微（详见霍斯特Ⅲ，第107页以下）。

三、损害？

本书不想进一步追问这个问题，而是想要回到前述的应刑罚性的标准，即普通公民在理性思考的情形下预期惩罚特定行为是否会对其未来的生活造成积极或消极的影响。是否有可能列出特定类型的行为，这些行为并不总是满足该标准，或者不是该标准的必然前提？如果可以的话，这些行为类型作为应刑罚性的衍生标准，可以大大促进对"特定行为是否值得惩罚"的审查（下文预设了相关的惩罚具有预防作用）。

人们立刻就能想到的一种可能的行为类型或其标准是，损害或者造成伤害的行为。至少所有会对他人造成伤害的行为不也是值得惩罚的吗？杀人、强奸、身体伤害或毁损财物等行为似乎确实说明了这一点。但是，如果行为的受损害者事先就明确同意该行为，且他无论如何也不能被视作该行为的被害者，那么，这件事情就变得有疑问了。如果某人经过我的同意砸了我的三角大钢琴，这真的值得惩罚吗？在这种情形下，我似乎也受到了损害，因为即便我绝对不想再弹钢琴，损害还是存在于，我不能再卖掉钢琴。因此，从原则上讲，即便得到了我的同意，某人也很有可能给我造成损害。是的，即便是我自己拆掉钢琴，显然我甚至也会给自己带来损害。那么，对于那些得到受损害者同意或由受损害者自己实施的损害施加行为，是否值得去惩罚行为人呢？

那么，如果有人成功申请到一份我本来会得到的、受到青睐的工作，值得惩罚吗？在这里，很难否定当事人的申请伤害了我，给我造成了损害。但与此同时，没有人会认为申请人的申请或随后的就职是值得惩罚的。人们不难看出这方面的原因：此处我所遭受的损害是一种间接的、或多或少偶然的副作用，这种副作用是某人合法地使用他的个人自由权利而产生的。如果 A 女士向一名百万富豪成功求婚，从而将她之前的男友 B 赶走，A 对 B 所造成的损害虽然可能相当巨大，但 A 只是使用了她的权利（这种权利每个人都有），即向同胞提出一个合同要约。

在一个人的生活中，几乎没有任何的决定——无论是单独作出的，还是和他人协商作出的——在特定的情形下，不会对另一个人产生消极的或破坏性的影响。这类决定或行为不受惩罚的原因很简单，即在没有直接损害的情形（如身体伤害情形）下，每个理性之人对自己行为自由的重视程度要远远高于同胞行使相应的行为自由而给他带来的间接副作用。据此，此类损害施加不能作为应刑罚性的充分条件。正如我们现在所看到的那样，通过对上述问题（即受损害者自我损害以及经受损害者同意损害他人的应刑罚性问题）进行仔细研究，也可以看出这一点。

杀人、身体伤害或毁损财物在任何情形下（方案一）都应当被惩罚吗？还是说，这类行为只有在行为人不是受损害者本人且没有得到受损害者的同意的情形下（方案二）才应当受到惩罚？抑或说，即便这类行为是由受损害者本人实施的或行为人得到了受损害者的同意，但只要他在整体上给当事人造成了损害（方案三），这类行为也要受到惩罚？

很容易看出，方案一被排除掉了。因为如果每一次的身体伤害都会受到惩罚，那么，一个对于正常生活必不可少的、成功的阑尾切除手术也会受到惩罚。因为它也构成了身体伤害——即便从整体上来看，身体伤害并没有损害到当事人，而是对他或她有利。同样，在取得房主同意的情形下为其拆除老房子（房主想要在该地上建新房子），由此所造成的损害当然也是不值得惩罚的。因为在这里，房子的主人也从损害中获得了全部的利益。

不过，我们是否应该从这个例子中根据方案三得出结论，即任何损害，只要它在整体上对当事人而言构成损害，就应当受到惩罚？这将意味着，前述由我本人或他人经我同意而拆除我的三角大钢琴的行为，也将是值得惩罚的。抑或，我们应当反过来根据方案二而得出结论，即由当事人本人或经其同意而造成的损害永远不值得惩罚？这将意味着，年轻妇女因为被男友抛弃而请求家庭医生杀死自己，家庭医生杀死她的行为将不值得惩罚。但是，杀死一个暂时为爱情所苦的人——这种行为从整体上来看可能是一种灾难性的损害——难道不是在任何一种情形下都应该受到惩罚吗？

或者说，在最后一种情形中，人们也许应当区分不予处罚的自杀和肯定会受到处罚的得到同意的杀人？我赞同这种做法，理由如下：惩罚自杀或（现实地讲）自杀未遂，可能会起到适得其反的作用。因为很多人在不处罚自杀未遂的情形下，只是实施了未遂的自杀行为并获救，而在处罚自杀未遂的情形下，他们会因为害怕惩罚而成功自杀，即死亡。总而言之，对自杀的惩罚很难起到保护生命的作用。因此，由于惩罚欠缺预防作用，这类特殊行为是不值得惩罚的。

当然,在得到当事人的同意而杀害他人的情形,这一论点并不适用。在此,此类行为的应刑罚性可以如此论证,即对于自身死亡的承诺——实际上是明确希望他人杀死自己——往往(如在失恋而苦恼的情形下)是基于暂时的沮丧,因此不是当事人理性的长期利益的表现。如果人们绝对地将某人实际拥有且表达出来的每一个愿望都认真地视作个人自我决定的表现,并以此来消除应刑罚性,那么人们将无法惩罚持有"硬毒品"或不系安全带的情形下的驾驶行为。

不过,此处所称的家长主义(Paternalismus)是一种非常有限的家长主义,它只能导致用刑罚来禁止此类自我损害或得到同意的损害行为,在这种情形下,有理由认为,任何一个理性之人在相关行为发生后的短时间内,都会明确且长期地倾向于没有实施该行为的情形,且他在头脑清醒的情形下,显然更重视这种长期利益(相较于其决定自由的行使)。因为在这一条件下,当事人本身对"刑法出于预防的目的应禁止该行为"这件事情具有一种优位利益。

然而，如果根据医学评估，当事人正遭受严重且不可痊愈的痛苦，那么在得到当事人同意或应要求杀人的情形下，通常并没有满足这一条件。在这种情形下，对当事人利益的公平衡量，在笔者看来是明确支持允许杀人的。

我想让读者自己判断，对于其他得到同意的损害行为（这些行为在欠缺同意的情形下毫无疑问是值得惩罚的），主张有限的家长主义会产生什么具体的后果。在此种情形下，我还是要提请读者注意以下这一点。

没有任何行为像杀人那样是如此地不可逆转，其损害是如此地完全不可替代。因此，在杀人的情形下，不杀人或继续生存的利益值得予以非常特别的考量。在诸如毁损我的三角大钢琴这样的例子中，如果我之后对当初的决定感到后悔，我总是有可能去买一台新的三角大钢琴，或者通过特别的努力来弥补被拆毁的三角大钢琴未能实现的销售收入。在杀人的情形中，没有这种情况。因此，就杀人以外的行为而言，原则上，同意所固有的自我决定应具有更重的分量（相较于杀人的情形）。简单地以当事人以后可能会后悔为理由，主张每一个得到同意的损害行为都是值得惩罚的,这种做法肯定是对我们在自由、自我决定的生活中的所有利益的一种拒绝,而这种拒绝是不可接受的。

尽管损害作为应刑罚性的标准存在所有这些问题,我们是否可以坚持这样的观点,即损害虽然不是应刑罚性的充分条件,但它是一个必要条件?以下的例子表明,在"损害"的扩张性含义中,这一主张无论如何是妥当的。我要举的例子就是所谓的酒驾。我们显然认为这种行为是值得惩罚的,因为它所要带来的损害是极为严重的,且损害的实际发生具有如此的盖然性,从而单纯的危险要重于对相关行为自由的剥夺。因此,这里的决定性因素不是实际的损害发生,而仅仅是损害的危险。损害的实际发生并不是应刑罚性的必要条件。

此外,受到损害的被害者不一定——就像到目前为止所讨论的典型情形那样——是单一的个人。国家或公民社会也可能因某一行为而受到损害,从而该行为应受到惩罚。关于这方面的一个很好的例子就是逃税。至少在"国家原则上出于合法目的且以公平分配的方式向公民征税"这一前提下,这当然符合每个公民的全面性利益,即通过惩罚逃税的预防作用来避免国家可能不得不考虑的巨大损失(如果不惩罚的话)。

甚至在涉及损害国家的情形中,仅仅是这种损害的风险就可能足以使这类损害值得被惩罚。举例来说,在德国的现行刑法中,存在这样一类构成要件,罪章的名称是"危害民主法治国"。

然而,从法伦理学的角度来看,更有趣的是另一类行为,这些行为通常会受到惩罚,但它们难以被归入"损害"的范畴之中。这些行为是专门在公共场合实施的,因此违反了普遍的道德观念或习俗——就此而论,这些行为也引发了"众怒"。一个很好的例子就是,在繁忙的市场上发生性关系,或者在超市购物时不穿衣服。这类行为是否有理由受到惩罚呢?如果答案为肯定的话,这真的是一个"损害"的情形吗?

当然,仅仅因为这种行为违反了普遍的道德或习俗就对其进行惩罚是没有道理的(参见本书第113页以下)。不过,如果惩罚这些行为是因为这些行为的公开实施在民众中引起了极大的反感——无论这种反感正确与否——从而引发了"众怒",并因此扰乱了社会秩序,则是另一回事。这种惩罚实践原则上似乎是合理的，因为人们在此种背景下必须牢记：这种惩罚对自由的限制是最小的。如果说有人会因为不被允许公然性交或在公共场合裸体走动而受到很大的影响，这将是无法理解的。就此而论，在此类冲突中，优先考量公共秩序是有道理的。

不过，如果有人以相应的方式主张，对所谓的不道德行为——如同性性行为——进行一般性的惩罚（也就是说，在私人领域也是如此），则必须适用完全不同的内容。诚然，即便在这样的情形中，大多数公民可能会认为，仅仅想到有人在他们周围的某个地方实施同性性行为，就令人感到非常厌恶。然而，如果这种"众怒"原则上值得被惩罚（甚至是去处罚私人行为），那么自由的自由决定价值毫无疑问会丧失。因为如此一来，多数人原则上将可以根据刑法去禁止任何的私人活动（如阅读卡尔·马克思的著作或者《古兰经》）。并且，没有人能够从一开始就排除自己具有或者有朝一日具有某些偏好，而这些偏好在某些时候会被他的大多数同胞视为不道德而加以拒绝。通过刑法来禁止那些被视作不雅或挑衅的行为——一个特别明显的例子就是"人兽性交"——在公共领域和私人领域之间存在巨大的差异。

136　　人们是否想要对"损害"这一概念作广义的理解，乃至于所有被认为值得惩罚的行为都应该被涵盖在内，即损害是应刑罚性一个必要（如果不是充分）的前提条件？就这个问题而言，人们可以不去过问。因为正如前述的思考所表明的那样，决定性的因素不是某种事先给定的原则，即社会必须如何处理人们可能造成的各种损害及其危险。毋宁说，具有决定性意义的是，人类的何种行为值得受到惩罚，只要人们自身可以从此类惩罚中获得利益。以利益为基础的法伦理学在回答应刑罚性或惩罚对象的问题时，和回答惩罚的真实理由问题一样，要按照相同的样式。

结 论

为何不要预防?

137　　即便在今日——是的，又是今日——德国刑法和法哲学的主要代表人物都是预防（论）的坚定反对者和报应（论）的支持者。在此仅举出一个典型的例子。

刑法学者、德国联邦宪法法院前副院长温弗里德·哈斯默尔（Winfried Hassemer）在其关于刑罚的著作中主要诉诸康德和黑格尔的理论。他将这两位著名的"启蒙政治哲学"代表人物对"预防理论家（表面上对人类友好）的目的"的批评总结如下：预防理论意味着"对人类尊严的系统性侵犯……罪犯被剥夺了作为人的自主，他们被'利用'、被展示、被迫成为其他人的（反面）样板。他们没有被当作自我负责的存在来对待，而是被驯服"（哈斯默尔，第84页）。

毫无疑问，哈斯默尔（关于康德和黑格尔对预防论所作出的批判）的解释，既清楚又准确。哈斯默尔正确地指出，根据预防论支持者（哈斯默尔将其称作"目的论者"）的观点，受到惩罚的行为人，按照康德的说法，"只是被当作达成另一个人意图的手段而被利用，并被混杂于物权的对象之中"（康德，第453页），而按照黑格138　　尔的说法，"（他）不是按照他的尊严和自由，而是像狗一样被对待"(黑格尔,第99节,补充)。

在哈斯默尔自己看来,这两位思想家的贬损性言论虽然"(语气)过重",但绝不是"不公正的批评"(哈斯默尔,同上)。哈斯默尔似乎特别喜欢黑格尔的补充性解释(参见哈斯默尔,第83页以下和第208页),即预防论支持者对惩罚的理解就如同"人们对狗举起棍子"(黑格尔同样如此认为,同上)。

对预防论的贬低在德国并不少见,笔者想对此种贬低进行评论:即便康德和黑格尔是"启蒙哲学"的代表性人物,但我不仅认为他们对于刑罚的论证(即报应理论)是失败的——正如本书第二章中试图详细说明的那样——还认为他们反对预防思想的理由(为前述的那些主流的刑法学家所遵循)简直是荒谬的,甚至是无法解释的。

让我们考虑一下盗窃行为。根据一致的意见,这种行为无疑是值得惩罚的。我们如此假设:我是一个独立小岛上的1000名居民之一,作为执法者具有实施和执行法律的职能。如果我现在惩罚犯了盗窃罪的公民A,以防止进一步的盗窃行为,我是把他当作一种单纯的手段以实现一个与他无关的意图（根据康德），还是把他当作一条我举起棍子挥打的狗（根据黑格尔）？即便出于最好的意愿，我也无法看到这一点。因为，A 作为一个可能的盗窃受害者，显然也受益于这个事实——由于每个人都知道对盗窃的惩罚，岛上的盗窃情形普遍比没有这种做法时要来得少。此外，人们应当认定，A 之前就已经和其他岛民达成了惩罚盗窃行为的合意，这种惩罚从长远来看对每个居民都有好处。

如果 A 在非紧急的情形下自己犯下盗窃罪，但他现在不想接受旨在预防的刑罚（因为他在阅读了康德、黑格尔和哈斯默尔的作品之后感到自己受到不公正的对待），那么，他就违反了他之前基于自身利益而自己作出的同意。就此而论，A 根本就不是康德所说的"达成另一个人意图的手段"或黑格尔所说的"狗"。我宁愿将他比作一个合租公寓的参与者，他在过去的一个月里还未缴纳他的那份共同租金，因此，按照之前的约定，他必须接管一段时间的厕所清洁工作。

以下的说法同样既不合理，也是表面的，即刑法学者们宣称，作为反对预防思想的进一步理由——除了康德所反对的不正当的工具化之外——这种思想的后果是惩罚无责任者或在特定的情形下不惩罚有责任者,而这两种情形都是不可接受的。哈斯默尔如此写道,一个纳粹党徒 N"在他犯下谋杀罪后,多年来一直过着不显眼且顺遂的生活",他不仅不需要任何的再社会化(确实如此),还可以基于预防思想而不被惩罚,"从而其他人就会被阻止实施这种暴行,我们就不必再次经历集中营中无法无天的情形"。换句话说,"如果认真看待预防论的话,那么预防论就必须放他走,因为不再有任何预防的刑罚目的与他相关联"(哈斯默尔,第 78 页以下)。

对于那些声称这一点的人,只能说他们没有理解一般预防的概念。第一,这一概念的支持者并不认为,每一项个别执行的刑罚必须对公众产生威慑作用。能够且应当产生威慑作用的,不是个别的刑罚,而是相关犯罪种类的一般性刑罚实践。例如,对具体的盗窃行为 X 或具体的谋杀行为 Y 的惩罚本身仍然没有任何直接的预防作用,但这是完全没有关系的,只要在任何情形下,对盗窃和谋杀的一般性惩罚的做法具有预防作用(更详细的论证,参见本书第 66 页以下)。

第二，就此而论，"在可预见的未来是否会出现新的纳粹独裁"这个问题对于哈斯默尔的例子来说是完全不重要的。因为，根据预防论，对 N 的惩罚不是为了让某人不再作为纳粹分子犯下谋杀罪，而是为了让任何人——无论出于何种动机——不再犯下谋杀罪。相关的刑法规范以及基于该规范的刑事实践并非专门惩罚纳粹分子的谋杀，而是惩罚谋杀本身。在特定的情形下，每一个具体的犯罪行为都可以具有特殊的动机，且这种动机是不可重复的。但就惩罚某类犯罪的预防作用而言，这一点并不重要。哈斯默尔的理由和以下的说法一样荒谬：如果一个小偷用偷来的钱去购买"大众甲壳虫"汽车，惩罚这名小偷与一般预防相矛盾，因为已经不再有"大众甲壳虫"汽车可供购买。

最后，再回到前述那个岛屿的例子：让我们假设 A 没有犯盗窃罪而是曾经多次醉酒驾驶。然而，在不久之后，由于根本性的考量，所有的汽车在该岛上被禁止。尽管如此，根据康德、黑格尔和哈斯默尔的说法，如果只是出于报应而将 A 投入监狱，则 A 和所有其他的岛民对此都应该没有任何的问题？我的看法则是，要立即赦免 A，从而使他和社会都能免于遭受完全没有意义的被剥夺自由的代价。不过，理由不是 A 不能再犯有关的罪行，而是在我们这个岛屿王国里不再有人可以犯这种罪行。

参考文献

1. 米歇尔·鲍尔曼:《法治国中的刑罚》,载米歇尔·鲍尔曼、哈特穆特·克利姆特(编):《法治国中的现代社会》,弗赖堡/慕尼黑1990年版,第109—159页 / Baurmann, Michael: *Strafe im Rechtsstaat*, in: Michael Baurmann und Hartmut Kliemt (Hrsg.), *Die moderne Gesellschaft im Rechtsstaat*, Freiburg / München 1990, S. 109-159.

2. 米歇尔·鲍尔曼:《合目的性与刑法:对于与行为相关联的措施法的论点》,奥普拉登1987年版 / Baurmann, Michael: *Zweckrationalität und Strafrecht. Argumente für ein tatbezogenes Maßnahmerecht*, Opladen 1987.

3. 杰里米·边沁:《政府片论暨道德与立法原理导论》,由威廉·哈里森编辑,牛津1967年版 / Bentham, Jeremy: *A Fragment on Government and an Introduction to the Principles of Morals and Legislation*, edited by William Harrison, Oxford 1967.

4.《刑法典草案暨立法理由》,波恩1962年版 / *Entwurf eines Strafgesetzbuches mit Begründung*, Bonn 1962.

5. 乔尔·范伯格:《刑法的道德界限》,四卷本,牛津1984年至1990年版 / Feinberg, Joel: *The Moral Limits of the Criminal Law*, 4 Bände, Oxford 1984-1990.

6. 安塞尔姆·冯·费尔巴哈:《德国现行一般刑法教科书》,第14版,吉森1847年版 / Feuerbach, Anselm von: *Lehrbuch des gemeinen in Deutschland gültigen Peinlichen Rechts*, 14. Aufl., Gießen 1847.

7. 约翰·菲尼斯:《自然法与自然权利》,牛津1980年版/Finnis, John: *Natural Law and Natural Rights*, Oxford 1980.

8. H. L. A.哈特:《法律、自由与道德》,牛津 1963 年版 / Hart, H. L. A.: *Law, Liberty and Morality*, Oxford 1963.

9. H. L. A.哈特:《惩罚与责任:法哲学论文集》,牛津 1968 年版 / Hart, H. L. A.: *Punishment and Responsibility*. Essays in the Philosophy of Law, Oxford 1968.

10. 温弗里德·哈斯默尔:《为何刑罚是必要的:一场辩护》,第 2 版,柏林 2009 年版 / Hassemer, Winfried: *Warum Strafe sein muss. Ein Plädoyer*, 2. Aufl., Berlin 2009.

11. 格奥尔格·威廉·弗里德里希·黑格尔:《法哲学原理或自然法和国家学纲要》,由伯恩哈德·莱克布林克主编,斯图加特 2009 年版 / Hegel, Georg Wilhelm Friedrich: *Grundlinien der Philosophie des Rechts oder Naturrecht und Staatswissenschaft im Grundrisse*, hrsg. von Bernhard Lakebrink, Stuttgart 2009.

12.《圣经:统一翻译》,斯图加特 1980 年版 / *Die Heilige Schrift*. Einheitsübersetzung, Stuttgart 1980.

13. 奥特弗里德·赫费:《绝对法原则:现代的对立点》,美因河畔法兰克福 1995 年版 / Höffe, Ofried: *Kategorische Rechtsprinzipien. Ein Kontrapunkt der Moderne*, Frankfurt a. M. 1995.

14. 诺伯特·霍斯特(霍斯特Ⅰ):《伦理与利益》,斯图加特 2003 年版 / Hoerster, Norbert (Hoerster Ⅰ): *Ethik und Interesse*, Stuttgart 2003.

15. 诺伯特·霍斯特(霍斯特Ⅱ):《何为道德? 哲学导论》,斯图加特 2008 年版 / Hoerster, Norbert (Hoerster Ⅱ): *Was ist Mor-

al? Eine philosophische Einführung, Stuttgart 2008.

16. 诺伯特·霍斯特(霍斯特Ⅲ):《法是什么? 法哲学的基本问题》,慕尼黑 2006 年版 / Hoerster, Norbert (Hoerster Ⅲ): *Was ist Recht*? Grundfragen der Rechtsphilosophie, München 2006.

17. 泰德·亨德里奇:《惩罚:重访被假设的正当化理由》,伦敦 2006 年版 / Honderich, Ted: *Punishment*. The Supposed Justifications revisited, London 2006.

18. 汉斯·海因里希·耶塞克:《外国刑法中对男性同性恋的处理》,广学院 1966 年版,第 332—346 页 / Jescheck, Hans-Heinrich: *Die Behandlung der männlichen Homosexualität im ausländischen Strafrecht*, Studium Generale 1966, S. 332-346.

19. 伊曼纽尔·康德:《道德形而上学》,载《康德著作集》(第 1 卷),由威廉·魏舍德尔编,达姆施塔特 1983 年版,第 303—634 页 / Kant, Immanuel: *Die Metaphysik der Sitten*, in: I. Kant, *Werke in sechs Bänden*, hrsg. von Wilhelm Weischedel, Bd. IV, Darmstadt 1983, S. 303- 634.

20.《天主教会教义》,慕尼黑 2003 年版 / *Katechismus der Katholischen Kirche*, München 2003.

21. 弗朗茨·李斯特(李斯特Ⅰ):《刑法论文集》,第 1 册,柏林 1905 年版 / Liszt, Franz von (Liszt Ⅰ): *Strafrechtliche Aufsätze und Vorträge*, Band I, Berlin 1905.

22. 弗朗茨·李斯特(李斯特Ⅱ):《刑法论文集》,第 2 册,柏林 1905 年版 / Liszt, Franz von (Liszt Ⅱ): *Strafrechtliche Aufsätze und Vorträge*, Band II, Berlin 1905.

23. 弗朗茨·李斯特(李斯特Ⅲ):《德国刑法总论》,第 21/22 版,柏林 1919 年版 / Liszt, Franz von (Liszt Ⅲ): *Lehrbuch des deutschen Strafrechts*, 21. / 22. Aufl ., Berlin 1919.

24. 约翰·洛克:《政府论两篇》,由沃尔特·欧赫纳编,美因河畔法兰克福 1977 年版 / Locke, John: *Zwei Abhandlungen über die Regierung*, hrsg. von Walter Euchner, Frankfurt a. M. 1977.

25. 马丁·路德:《著作集:批判性完整版》,魏玛 1883 年版(引文根据今日的德语改写) / Luther, Martin: *Werke. Kritische Gesamtausgabe*, Weimar 1883 ff. (Zitate sind heutigem Deutsch angeglichen.)

26. 约翰·L.麦基:《道德与报应情感》,载约翰·L.麦基:《个人与价值》,牛津 1985 年版,第 206—219 页 / Mackie, John L.: *Morality and the Retributive Emotions*, in: J. L. Mackie, Persons and Values, Oxford 1985, S. 206-219.

27. 米夏埃尔·帕夫里克:《人格体、主体、公民:刑罚的合法性研究》,柏林 2004 年版 / Pawlik, Michael: *Person, Subjekt. Bürger. Zur Legitimation von Strafe*, Berlin 2004.

28. 埃德蒙·L.平科夫斯:《合法惩罚的理由》,纽约 1966 年版 / Pincoffs, Edmund L.: *The Rationale of Legal Punishment*, New York 1966.

29. 教皇庇护十二世:《论国际刑法》,载《赫尔德月讯》第 8 期(1953/54 年),第 77—83 页 / Pius Ⅻ.: *Über das Internationale Strafrecht*, in: Herder- Korrespondenz 8 (1953 / 54), S. 77-83.

30. 约瑟夫·拉辛格:《末世论——死亡与永恒生命》,第 6

版,雷根斯堡 1990 年版 / Ratzinger, Joseph: *Eschatologie - Tod und ewiges Leben*, 6. Aufl., Regensburg 1990.

31. 约翰·罗尔斯:《两个规则概念》,载奥特弗里德·赫费(编):《功利主义伦理导论》,第 4 版,图宾根 2008 年版,第 135—166 页 / Rawls, John: *Zwei Regelbegriffe*, in: Otfried Höffe (Hrsg.), *Einführung in die utilitaristische Ethik*, 4. Aufl., Tübingen 2008, S. 135-166.

32. 艾伯哈德·施密特霍伊泽尔:《论刑罚的意义》,第 2 版,由埃里克·希尔根多夫编,柏林 2004 年版 / Schmidhäuser, Eberhard: *Vom Sinn der Strafe*, 2. Aufl., hrsg. von Eric Hilgendorf, Berlin 2004.

33. 亚瑟·叔本华:《著作集(10 卷本)》,苏黎世版本,苏黎世 1977 年版 / Schopenhauer, Arthur: *Werke in zehn Bänden*. Zürcher Ausgabe, Zürich 1977.

34. 冈特·施特拉腾韦特:《刑法视角下的同性性行为》,载西奥多·博韦特(编):《同性恋问题》,伯尔尼 1965 年版,第 112—129 页 / Stratenwerth, Günter: *Die Homosexualität in strafrechtlicher Sicht*, in: Theodor Bovet (Hrsg.), *Probleme der Homophilie*, Bern 1965, S. 112-129.

35. 阿道夫·苏斯特亨:《死刑的合理理由》,载《死刑问题:12 种回答》,美因河畔法兰克福 1965 年版,第 117—130 页 / Süsterhenn, Adolf: *Die rationalen Gründe für die Todesstrafe*, in: *Die Frage der Todesstrafe. Zwölf Antworten*, Frankfurt a. M. 1965, S. 117-130.

36. 维克多·范贝格:《犯罪、刑罚与威慑:最近社会科学讨论中的一般预防理论》,图宾根1982年版 / Vanberg, Victor: *Verbrechen, Strafe und Abschreckung*. Die Theorie der Generalprävention im Lichte der neueren sozialwissenschaftlichen Diskussion, Tübingen 1982.

37. 让·克劳德·沃尔夫:《预防还是报应？伦理刑罚理论导论》,弗赖堡/慕尼黑1992年版 / Wolf, Jean-Claude: *Verhütung oder Vergeltung*? Einführung in ethische Straftheorien, Freiburg/München 1992.

译后记

我们需要何种刑罚目的理论？

惩罚/刑罚,作为一种人类实践活动,距离我们的日常并不遥远。甚至可以说,我们就生活在一个惩罚的世界之中。① 只是,忙碌于日常生活的我们并不会刻意去关注惩

---

① 这一说法运用于美国尤为贴切。截至 2010 年,美国有 226 万人被关在过度拥挤且粗暴滥权的监狱系统里,有九分之一的州政府员工是受雇于监狱,国家预算花在监禁犯人上的金额,高于教育领域。参见〔美〕劳勃·弗格森:《失控的惩罚》,高忠义译,城邦文化事业股份有限公司 2014 年版,第 21 页。著名人类学家、社会学家迪迪耶·法尚(Didier Fassin)则认为,世界已经进入了一种惩罚的时刻(moment punitif)。惩罚原本是用来解决犯罪的方案,但随着惩罚时刻的到来,惩罚本身也成为一种问题。参见〔法〕迪迪耶·法尚:《惩罚的三大思辨:惩罚是什么? 为何要惩罚? 惩罚的是谁?》,林惠敏译,联经出版事业股份有限公司 2019 年版,第 21 页。

罚的表现,遑论系统性地反思它的意义。① 仅以我国不久前发生的两个引发舆情的例子来说明:

第一个例子是"上海巴黎贝甜被罚事件"。据媒体报道,当事人巴黎贝甜关联公司上海艾丝碧西食品有限公司(以下简称"巴黎贝甜")在疫情封控期间封闭工厂,安排部分因疫情防控措施无法回到住所的员工前往其培训中心暂时过渡,并利用培训中心烘焙设备及物流中心配送的原材料制作面包自用。只是随着疫情封控的持续,周边社区对糕点产品需求增大,当事人于2022年4月23日至26日期间,在上述培训中心内从事糕点类食品生产经营活动,而该地址未取得食品生产经营许可相关资质。上海市市场监管局据此认为,当事人的上述行为属于未经许可从事食品生产经营活动,对其处以没收物品、没收违法所得

---

① 关于刑罚的意义(Sinn)和刑罚的目的(Zweck)之间的区分,德国学者罗克辛指出,人们通常认为报应刑是"无目的的"(zweckfrei),其意义(Sinn)或本质(Wesen)仅仅在于罪责衡平(Schuldausgleich)。是否需要区分刑罚的意义以及刑罚的目的,主要取决于人们如何定义目的概念,亦即是将目的理解为社会的、经验的目标,抑或目的同样包括了对某种观念(正义)的实现。如果采取后者的说法,那么就没有必要去区分刑罚的意义和目的,因为报应刑理论在报应刑中同样可以看到刑罚的目的。参见 Roxin, *Strafrecht AT I*, 2006, §3 I. Fn. 4. 笔者赞同后者的说法,因此在相同意义上使用刑罚的意义和刑罚的目的。

5.85万元、罚款58.5万元的处罚。不过,舆论普遍认为巴黎贝甜在上海疫情期间为周围社区提供自制糕点属于利民之举,在情感上明显难以接受这样的惩罚决定。之后,处罚机构作出回应——"这已是依照法定最低幅度做出的从轻处罚"。巴黎贝甜也没有进一步通过法定程序提出异议。虽然处罚决定已经盖棺定论,但从整个案件的发展来看,不难发现,执法机关的处罚实践与人们对惩罚的日常想象之间存在着不小的落差。

第二个例子则是"罪犯子女的考公资格限制"。近日,全国政协委员周世虹在接受记者采访时建议取消对罪犯子女的考公限制,此事引发了社会热议。

一方面,从规范的层面来看,我国《宪法》《公务员法》《检察官法》《兵役法》等法律中并未明确规定罪犯子女不得被录用为公务员。《公务员录用考察办法(试行)》第8条第(四)项规定:"对于报考机要、国家安全等涉密职位的人员,一般应当考察家庭成员和主要社会关系的有关情况。"此外,在人民警察的录用方面,有一些特殊的规定。比如现已失效的《公安机关人民警察录用办法》第6条第(五)项和第(六)项规定,直系血亲和对本人有重大影响的旁系血亲中有被判处死刑或者正在服刑的,或者直系血亲和对本人有重大影响的旁系血亲在境内外从事颠覆我国政权活动的,不得报考人民警察;《公安机关录用人民警察政治考察工作办法》第9条明确规定:"考察对象的家庭成员具有下列情形之一的,其本人不得确定为拟录用人选:(一)因故意杀人、故意伤害致人重伤或者死亡、强奸、抢劫、贩卖毒品、放火、爆炸、投放危险物质罪等社会影响恶劣的严重犯罪,或者贪污贿赂数额巨大,具有严重情节,受到刑事处罚的;(二)有危害国家安全、荣誉和利益行为的;(三)组织、参加、支持暴力恐怖、民族分裂、宗教极端、邪教、黑社会性质的组织,或者参与相关活动的;(四)其他可能影响考察对象录用后依法公正履职的情形。"

另一方面,从现实的层面来看,国家机关、事业单位、国企等相关机构在招聘中进行政审时,对于直系亲属有过犯罪记录的人员,通常采取一律不予录用的做法。对此,舆论的一方认为,限制罪犯子女的考公资格可以加大犯罪成本,能够有效地吓阻犯罪。子女沦为犯罪行为人心中的软肋,子女的前途也因此演变成行为人在实施犯罪活动时必须逾越的一道心理门槛。此外,限制罪犯子女的考公资格还可以确保公务员队伍的先进性和纯洁性,有效杜绝国家重要岗位工作人员以权谋私的情况。舆论的另一方则认为,限制罪犯子女的考公资格在一定程度上已经违背了罪责自负原则。这一热点议题其实涉及了刑罚的正当性问题:刑罚是否只能指向实施不法、违反规范的行为人?刑罚的目的是预防吗?能否出于预防考量而对犯罪行为人以外的第三人施加惩罚?

事实上,恰恰因为刑罚已经成为一种日常生活实践,故而,无论我们是作为接受惩罚的犯罪行为人,还是施加惩罚的执法人员,抑或是旁观刑罚的群众,都必须直面刑罚的正当性问题。只是,由于人类自身的有限性以及人文学科问题的独特性,人们无法跳脱既有的社会背景来进行一种绝对客观中立的观察或者一场极其抽象的思辨。因而,人们必须像盲人摸象那样,结合不同的学科,从不同的专业视角切入,反复思考刑罚的正当性问题。其中,当然也包括以哲学的视角来检视刑罚的正当性问题。对此,德国学者诺伯特·霍斯特教授的这本小册子,可谓一份精彩绝伦的答卷。

具体来说,霍斯特在本书中的论述主要有以下几点贡献:

第一,区分了刑罚的定义以及刑罚的正当性。在展开具体论证之前,霍斯特首先带出了惩罚/刑罚的定义,刑罚是指"某人对个人施加的一种恶害,其系作为对违反规范的反应,并且,此一恶害并不包括强迫他人填补因违反规范所造成的损害"。不得不说,这一定义是较为周延的,因为它不会过度地侵蚀刑罚正当性问题的存在空间。特别是关于惩罚能否指向第三人的问题,霍斯特旗帜鲜明地指出,对于刑罚实践的论证在特定的情况下也应当包含对第三人(即无辜者)的处罚,因为"放弃从伦理的角度来审视这个问题,是一种浮浅的做法"。从中我们可以察觉到哲学家深邃的眼光以及严谨的思维,虽然刑罚不处罚无辜者对于一般人来说已经是一件不言而喻的事情,但对哲学家而言,它依然需要详细论证。

第二,细腻总结并犀利批评了对立阵营的观点。学说观点的探讨与切磋应当是真诚的,之于对立阵营的观点,不应建立在误解乃至曲解对方观点的基础上,否则无异于犯了"稻草人谬误"。在本书中,霍斯特先后细腻地梳理了不同版本的惩罚报应论以及惩罚预防论,并在充分理解对立观点的前提下展开针针见血的批评。

其中,在惩罚报应论部分,霍斯特重点区分了基于报应需求的惩罚以及基于报应论的惩罚：前者说到底其实是一种心理事实或者惩罚的欲望（"我想要惩罚犯罪行为人"）。不过，除了表明处罚犯罪行为人的坚定立场之外，这种心理事实或者惩罚欲望并没有办法在规范上回答刑罚的正当性问题，而只会使讨论陷入一种自说自话的泥淖。与之相对，后者则是建立在一种"形而上学"的基础上，惩罚立足于一种"要求报应的、客观上事先被给定的规范"。在此基础上，霍斯特先后带出了康德的"同态复仇原则"、黑格尔的"法权侵害的消除"以及菲尼斯的"公正秩序的重建"三套不同版本的惩罚报应理论。不过，在霍斯特眼中，惩罚报应论终究无法摆脱失败的宿命——至少对于上述三套报应论版本而言。一方面是因为在霍斯特看来"以前所有试图证明前实定法的存在（即位于经验之外、现实之中的自然法或理性法）的尝试都失败了"（这里可以明显看到霍斯特的法律实证主义立场）；另一方面则是因为惩罚的报应概念无法与决定论的人类图像相兼容。在此基础上，霍斯特认为，惩罚报应论与宗教上的报应论存在着某种关联，惩罚报应论的观点其实深深扎根于基督教信仰的传统。某种程度上，似乎可以认为惩罚报应论只是一种"给宗教上的报应论披上世俗外衣的失败尝试"。

在惩罚预防论方面,霍斯特先后提及李斯特的特殊预防论以及基于功利主义的一般预防论。对于特殊预防论,学说上经常出现的批评是,该理论将会使刑罚(或者美其名曰"治疗")的种类和严重程度取决于行为人在未来的人身危险性,虽然这种做法可以强化社会安全而使整个社会大大受益,但它同时也侵害或者取消了当事人的基本利益和权利(在评估结果为消极的情形下)。但霍斯特认为这种反对意见并不算成功。有趣的是,霍斯特认为,出于特殊预防而施加惩罚的做法与紧急救助情形并无太大差异。只是,在紧急救助情形下,人们可以明确地认定当时正存在着某公民受到违法攻击的情形;而在特殊预防论情形下,只要行为人实际上还没有着手实施犯罪行为,行为人会实施犯罪行为就仅仅是一种纯粹的幻觉。即便这种幻觉具有高度的盖然性,也无法使刑罚施加正当化。至于基于功利主义的一般预防论,霍斯特重点批评,如果将功利主义的一般预防论一以贯之的话,将会导致对无辜者的惩罚同样可以被正当化,但这种做法明显与我们相应的道德观念相违背。此外,功利主义追求的是普遍的利益最大化,每个公民的幸福或者不幸福都是同等重要的,但根据普遍的道德观点,被害人遭受的犯罪痛苦和行为人所遭受的刑罚痛苦绝对不会具有同等的分量。

第三,创新性地建构了一套基于公民利益/理性利益的刑罚理论。对现有理论的不满与批评,是理论创新的催生因子。由于上述的刑罚论证理论无法令人满意,因此,霍斯特另辟蹊径,提出了一套总体上能够满足每个正常公民利益(或者说理性利益)的惩罚理论。按照该理论,刑罚必须是一种能够在主体间证成的、所有理性公民都能接受的、与人权制度相符的刑事惩罚制度。在霍斯特看来,纯粹的报应(需求)不会是理性利益的对象,因为"吹灭别人的灯,并不会让自己更加光明""整个世界并不会因为身处其中的某些人的处境更差而变得更好"。毋宁说,这里的理性利益只能是一种预防利益,即某种刑罚实践所实际拥有的预防效果。虽然仅凭预防作用不足以证成刑罚,但预防作用在很大程度上是一个不容放弃的、必要的惩罚条件。换言之,霍斯特认为,预防作用/预防利益是施加刑罚的必要而不充分条件。值得强调的是,不能将这里的预防利益和前述一般预防论或特殊预防论下的预防考量混为

一谈。正如霍斯特所言,必须要消除对预防论诸多要点的一系列迷思(以对盗窃行为的处罚为例):

①它(即预防论——笔者注)并不主张,对每个具体盗窃行为施加刑罚都会具有一种可证明的预防效果。它只是主张,总的来看,一种对盗窃行为实施刑罚的(尽可能广泛的)普遍实践具有这一效果。

②它并不主张,预防效果是一种整体效果,也即是说——在一段时间的刑罚实践之后——不再发生任何盗窃行为了。

③它并没有说明,这种预防效果会通过何种心理途径——通过(消极)恐吓或(积极)强化法律意识——来实现。

④它并不能证成任意类型的刑罚。即便旨在达成一种预防效果,刑罚也不得施加于无辜者,并且刑罚的种类和严重程度不仅必须与某些基本权利相容,也必须与所犯之罪行形成恰当的比例关系。例如,既不能断人肢体,也不能以终身监禁来惩罚盗窃行为。①

---

① 〔德〕诺伯特·霍斯特:《法是什么?法哲学的基本问题》,雷磊译,中国政法大学出版社2017年版,第189页。

在此基础上，霍斯特带出了自己对刑罚的主张："惩罚恶害的正当性取决于其预防作用，只要特定的正义要求被遵守。"①这里的"特定的正义要求"主要包括了被惩罚者是实施犯罪的人、所施加的惩罚与犯罪行为具有相当性，以及行为人必须具有必要的责任能力等条件。对于霍斯特来说，刑罚的正当性主要取决于其预防作用。特定的正义要求本身无法起到正当化刑罚的作用，只是具有将刑罚制度各个要求与特定的附加条件关联起来的功能。

必须承认，霍斯特在本书中没有也无法进一步完整地论述其刑罚理论背后更深层次的问题，比如，霍斯特的整套刑罚理论是立足于何种正义想象之上？该理论能否以及如何与决定论/非决定论相兼容？②霍斯特的整套刑罚理论真的已经完全告别了形而上学吗？③以对意志自由的

---

① 雷磊教授在导读中非常精辟地指出，刑罚的正当性不仅涉及目的正当性也涉及手段正当性，并将"预防作用"和"特定的正义要求"分别归结为"目的正当性"和"手段正当性"两类问题。

② 实际上，连脑科学的研究专家自身也对人类没有意志自由的可能结论抱持一种怀疑态度，参见 Hüls, *Grenzen des Wirtschaftsstrafrecht*, 2019, S. 73。

③ 也有论者认为，刑法具有一种后形而上学(nachmetaphysisch)的性格，具体表现包括：放弃终极论证(Verzicht auf Letztbegründungen)、侧重于事由(作为刑法正当性条件)交换的规范性实践，以及承认不同社会商谈(只要它们有助于正当化)的区别，参见 Martins, ZIS 10/ 2014, S. 518-520。

探讨为例,正如雷磊教授在导读中所提到的那样,对于一般(过错)责任理论乃至于法律主体(有责任能力之人)的讨论,绕不开对决定论和意志自由的探讨。但霍斯特在本书中却没有对决定论进行全面且深入的阐述。这一方面可能是因为受限于篇幅以及作品定位(本书在德国法律图书市场上的定位并非专业的法学论著,而仅仅是一本法律普及读物)。另一方面则可能是因为霍斯特采取一种不可知论的立场。按照现在的知识情况,决定论是否正确这一问题尚无定论,因而霍斯特在这个问题上保持着开放性态度。不过,这并不妨碍这本小书对于我国当代社会及刑事法治发展所能提供的启示。我国当前正面临着社会转型的关键时期,各种现代、后现代的犯罪问题层出不穷,风险社会的论述早已深入刑法理论之中,刑法的工具化倾向越来越明显且深刻,人们普遍接受采用刑法手段来治理社会问题的手法,积极主义刑法观俨然已经成为主流论调。在现代刑法冲破古典自由主义刑法藩篱、预防性刑法蔚然成风的情形下,[①]或许只能乐观

---

① 德国学者希尔根多夫教授指出,与"现代刑法"模型相区别的"古典核心刑法"早前是真实存在抑或仅为臆想,是一个仍然存疑的问题。参见〔德〕埃里克·希尔根多夫:《德国刑法学:从传统到现代》,江溯、黄笑岩等译,北京大学出版社2015年版,第221页。

地期待霍斯特对于刑罚目的理论的理想图景能够将这种刑罚扩张趋势限缩在必要的合理范围之内。

最后,本书的翻译其实是一件相当偶然的事情,在翻译过程中也有幸获得了很多人的热心帮助。感谢中国社会科学院大学博士后合作导师林维教授能够纵容我"不学无术地沉溺于法普读物翻译";感谢中国政法大学法学院雷磊教授能够接受我的不情之请,在百忙之中认真负责地撰写出一篇质量完全不输给正文的精彩导读,并在书名翻译上给予我极其中肯的建议;感谢北京大学出版社副总编蒋浩先生、本书策划编辑柯恒先生以及编辑陈康女士在本书的版权引进、编辑以及出版方面所提供的各种便利条件和帮助。衷心祝愿本书的出版和传播能够成为一个引发刑罚目的思辨的契机,而这也恰恰是我当初选择翻译本书的初衷。

王芳凯
2023 年 3 月 21 日于良乡

著作权合同登记号　图字:01-2022-4223

图书在版编目(CIP)数据

何以刑罚?/(德)诺伯特·霍斯特著;王芳凯译. —北京:北京大学出版社,2023.3
ISBN 978-7-301-33817-9

Ⅰ. ①何… Ⅱ. ①诺… ②王… Ⅲ. ①刑罚-研究 Ⅳ. ①D914.104

中国国家版本馆 CIP 数据核字(2023)第 035947 号

书　　　名	何以刑罚? HEYI XINGFA?
著作责任者	〔德〕诺伯特·霍斯特　著　王芳凯　译
责 任 编 辑	柯　恒
标 准 书 号	ISBN 978-7-301-33817-9
出 版 发 行	北京大学出版社
地　　　址	北京市海淀区成府路 205 号　100871
网　　　址	http://www.pup.cn　http://www.yandayuanzhao.com
电 子 信 箱	yandayuanzhao@163.com
新 浪 微 博	@北京大学出版社　@北大出版社燕大元照法律图书
电　　　话	邮购部 010-62752015　发行部 010-62750672 编辑部 010-62117788
印 刷 者	涿州市星河印刷有限公司
经 销 者	新华书店 850 毫米×1168 毫米　32 开本　6.625 印张　97 千字 2023 年 3 月第 1 版　2023 年 3 月第 1 次印刷
定　　　价	49.00 元

未经许可,不得以任何方式复制或抄袭本书之部分或全部内容。
版权所有,侵权必究
举报电话:010-62752024　电子信箱:fd@pup.pku.edu.cn
图书如有印装质量问题,请与出版部联系,电话:010-62756370